기독교와 영의 세계

기독교와 영의 세계

초판 1쇄 발행 2023년 8월 25일

지은이 정찬균
펴낸곳 엎드림출판사
등 록 제2021-000013호
주 소 17557 경기도 안성시 공도읍 심교길 24-5
발행처 엎드림출판사
전 화 010-6220-4331

값 12,000원
ISBN 979-11-982828-1-1 03230

사람이 영적인 세계를 바로 알기 위해서는 반드시 예수를 믿어야 합니다

기독교와 영의 세계

영적인 세계를 바로 아는 교과서!
이 책 속에 영적인 세계의 비밀이 드러나 있습니다

정찬균 지음

엎드림출판사
UP DREAM

저자는 평범하지 않은 매우 특별한 삶의 이력을 가지고 있습니다.

저자가 영의 세계를 깊이 있게 들여다보고 확신 있는 글을 쓰게 된 것은 저자의 이러한 삶이 미치는 영향이 크다고 말할 수 있습니다.

어릴 때부터 깊은 사색을 하며 혼자 있기를 좋아했습니다.

학교에 다닐 때 수학공부는 학교에서 배우기 전에 참고서 하나 없이 교과서만 보고 혼자 깨우쳤습니다. 동네 사람들이 천재 났다고 말했습니다.

가정환경이 매우 불안정하여 하루하루가 편할 날이 없었습니다. 우환이 많았고 아버지는 알코중독이었고 어머니는 매달 점치고 굿하기를 반복했습니다.

학교에 다니다 알 수 없는 이유로 모든 의식이 정지되고 멍청이가 되었습니다. 공부도 할 수 없고 아무것도 할 수 없는 폐인이 된 것입니다.

병을 고치려고 백방으로 노력을 해도 고칠 방법이 없었습니다.

호적이 5개월 빨리 올라가서 16세 8개월에 해병대를 지원하여 입대했습니다. 훈련을 마치고 백령도에서 근무하던 중 답십리 해군병원으로 후송되고 진해 해군병원으로 후송되었으며 진해 해군병원에서 의병 제대를 했습니다.

아무리 생각해도 살길이 없어서 죽을 생각을 하다 합천 해인사에 입산했습니다.

절에 들어가서 불교에 대해서 공부를 해보니 성불을 해서 부처가 돼야 한다는 꿈을 가지고 도전하게 되었습니다.

이지관 스님에게 초발심자경문과 치문을 배우며 독학으로 6조단경을 공부했습니다. 이지관 스님은 후에 동국대학교 총장을 하고 조계종 총무원장을 하신 분입니다. 그러는 중에 해인총림의 유나스님인 혜암 스님이 저자에게 와서 자기가 일타 스님이랑 공부한 이야기를 했습니다. 일타 스님은 오른쪽 손가락 넷을 불로 태워서 일체제신에게 인신공양을 하신 분인데 그렇게 하면 좋다는 말을 듣고 나도 하기로 결심

했습니다. 많은 생각 중에 마음의 준비를 하고 모든 사람이 잠자는 깊은 밤중에 혼자 칼과 도마를 가지고 부엌으로 가서 큰 칼로 새끼손가락을 잘라서 뜨겁게 타는 숯불에 집어넣었습니다. 잘린 손가락에서 붉은 피가 많이 흘렀으나 병원에도 갈 수 없었습니다. 손가락 치료를 고심하던 중 끓는 간장에 지지기로 하고 간장을 양은그릇에 담아 숯불에 올려놓고 끓는 간장에 잘린 손가락을 집어넣기를 손가락이 다 익을 때까지 고통을 이기며 반복했습니다. 이 사건 이후 해인사에서 저자를 이상한 사람이라고 하여 쫓겨나게 되었습니다. 해인사에서 나간 후에 조계종 총무원장을 지낸 서의현 스님을 은사로 모시게 되었습니다. 다시 해인사로 돌아가 생불이라고 소문난 성철 스님이 방장으로 있는 해인총림에 들어가서 혜암 스님을 다시 만나게 되고 해인총림에서 수도생활을 하게 됐습니다. 혜암 스님은 성철 스님 타계 후에 해인총림 방장이 되고 조계종의 최고지도자인 종정이 됐습니다. 다시 성불의 꿈을 안고 열심을 내는데 성철의 가르침 따라서 14일간 잠 안 자는 고행을 하고 겨울철 얼음 물속에 들어가서 견디는 고행을 하며 겨울철 불 안 뗀 방에서 잠자기 등의 고행을 반복하는 중에 얻은 것 없이 골병이 들

기독교와 영의 세계

어 몸을 쓸 수 없게 돼서 4년 만에 하산하게 됩니다.

이후 전도를 받아서 교회를 다니던 중 죽음의 문턱에서 "나 살려주시면 아버지 일하겠습니다."라고 기도했더니 그 밤에 하나님이 병을 고쳐주셨습니다. 이후에 영의 세계가 드러나고 귀신의 세력들과 치열한 영적전투를 통하여 이기므로 23년 만에 건강을 완전히 회복하고 영의 세계를 깊이 알게 되었습니다.

이후 하나님과의 약속을 지키기 위해서 신학을 공부하고 종의 사역을 시작했습니다.

40일 금식기도를 하는 중에 36일째까지 샘물을 마시고 금식기도를 하는데 37일째 되는 날 물이 넘어가지 않고 토하게 되는 위기를 당하게 되었습니다. 경험자에게 물어보니 물을 안 먹으면 장이 꼬여서 죽는다고 하면서 꼭 먹으라고 했습니다. 물을 먹으면 토하는 고통이 너무 커서 하나님께 어찌해야 좋을지 기도하니 "먹지 말라"는 응답이 와서 "안 먹으면 다 죽는다고 하는데 어찌합니까?" 했더니 "내가 너와 함께 하는데 왜 죽느냐"고 응답을 주셨습니다. 저는 아멘! 하고 목숨을 하나님께 맡기고 물을 먹지 않고 버티는데 손가락 움직일 힘도 없고 눈은 착시현상이 와서 제대로 보이지도 않으며 죽은 몸이 되었습니다. 겨우 숨을 쉬고 의식이 왔다 갔다 하는데 40일이 지났습니다. "물을 먹어도 될까요?" 했더니 하나님의 응답이 "먹으라"고 하셔서 샘물을 마시니 잘 내려갔습니다. 이렇게 사경을 헤매며 금식기도를 하는 중에 하나님께서 영적인 세계의 깊고 오묘한 법칙에 깨달음을 더해주셨습니다. 제가 터득한 영적인 세계는 성경과 일치하는 것이며 마귀와 귀신의 세력들에 관한 지식도 성경과 일치합니다.

불교에서 공부한 영적인 세계는 거짓투성이였으나 성경에 하나님이 가르쳐주신 영의 세계는 사실과 완전히 일치하는 것입니다.

단언하건데 저자는 이 책이 심오한 영적인 세계를 가장 깊이 있고 정확하게 기술한 영적인 세계의 지침서와 같은 것이라고 확신합니다. 또한 본인의 저서를 통한 주장에 이견이 있는 분이라면 누구와도 공개토론을 할 수 있음을 공언하는 바입니다.

영적인 세계에 오해를 하면 신앙생활이 잘못될 가능성이 많습니다. 저자는 이 책의 내용을 전개하면서 베뢰아 귀신론의 허구성을 비판 분석했습니다.

베뢰아의 귀신론은 그들이 베뢰아 아카데미에서 오랫동안 가르쳐 왔고 공부한 목사들이 많으며 그것을 목회 현장에서 인용하고 있어서 비판을 가하지 않으면 잘못된 내용이 기독교 신앙으로 자리잡을 수 있고 성경에 분명하게 정리된 영의 세계가 큰 혼란에 빠져서 기독교의 근본이 무너질 수 있기 때문입니다.

이 책을 읽으시는 분들이 영적인 세계를 확실히 알고 영적인 세계를 바로 가르치는 영적인 세계의 지도자들이 되시기 바랍니다.

하나님이 약속하신 아브라함의 복을 받고 세상사는 동안 영적전투의 위대한 승리를 계속하고 천국에서 상 받고 영생하시는데 큰 도움이 되시기를 바랍니다.

2023. 7.

저자 정찬균 목사

:: 차례 ::

■ 책 머리에

제**1**부

베뢰아의
주장에 대한
반론

제1장
서론

베뢰아의 귀신론을 비판하는 이유

1. 비판한다는 것은 기분 좋은 일이 아니다. 그런데도 비판을 시작하려고 한다. 이는 성경에 대한 잘못된 해석이 비판을 받지 않고 존재할 때 잘못된 해석을 정상으로 받아들일 수 있다. 이러한 성경에 대한 지속적 오해와 영적인 세계에 대한 그릇된 인식은 영적인 세계에 대한 지식을 혼란에 빠지게 한다. 이로 말미암아 하나님 나라의 질서가 무너진다. 영적 지식의 잘못됨에서 비롯된 제반 문제들은 기독교의 근간을 흔들리게 한다. 그뿐만 아니라 점진적으로 기독교의 진리 체계를 변질시킬 수 있는 영향을 미치기 때문이다.

2. 베뢰아 측의 주장과 같이 한국교회에 베뢰아의 가르침을 받았던 상당수의 목사가 있으며 지금도 베뢰아 측의 주장이 옳다고 여기며

베뢰아의 귀신론을 옹호하고 있는 이들이 상당수 있기 때문이다.

3. 한국교회가 베뢰아의 귀신론을 잘못됐다고 주장하며 이단시하고 있지만, 베뢰아 측의 주장에 대하여 설득력 있고 논리적인 반론을 제시하기보다는 단지 전통적인 성경해석 방법과 배치된다는 정도의 이유로 잘못이라고 주장하고 있어서 한국교회의 이러한 주장만으로는 베뢰아의 귀신론을 극복하기 어렵고 오히려 이것이 하나의 학설로 자리 잡을 가능성이 커지고 있으며 이것이 학설이 되면 베뢰아 측이 원하는 신앙의 뿌리로 정착될 우려가 있기 때문이다.

4. 베뢰아 측은 본인의 반론에 대하여 감정적 반응을 자제해 주기 바라며 베뢰아가 만들어 놓은 안경의 눈으로 성경을 볼 것이 아니라 하나님이 만들어주신 성령의 눈으로 성경을 다시 보기를 바라며 하나님 앞에서 어린아이와 같은 자세로 자기의 체험중심이 아닌, 하나님 말씀 중심의 새로운 신앙관이 정리되기를 바란다.

비판의 기준과 원칙

본인은 비판의 시작에 앞서 비판에 대한 다음과 같은 원칙을 견지하고자 한다.

1. 본인의 비판은 베뢰아 사람들의 성경에 대한 잘못된 인식과 해석에 국한 시킬 것이며 그로 인하여 발생하게 될 제반 문제들을

기독교와 영의 세계

우려할 것이다.

2. 본인은 비판은 누구의 명예도 손상할 의사가 없으며 베뢰아 측의 주장으로 말미암아 나타나게 될 문제점과 가려질 하나님의 영광에 관해서만 관심을 가질 것이다.

3. 본인의 비판은 성경을 근거로 성경적 근거가 있는 것만을 전제로 할 것이며 개인의 체험이나 특정인의 주장은 인용하지 않을 것이나 귀신론과 관계있는 것은 인용할 수 있을 것이다.

4. 본인은 성경을 해석하면서 성경이 추구하는 보편적 진리에서 이탈하지 않을 것이며 본인의 주장을 옹호하기 위하여 자기중심의 해석을 하지 않을 것이다.

5. 본인은 해석과 비판의 결론을 성경의 내용과 일치시킬 것이며 해석과 주장을 통하여 성경에 나타난 하나님의 뜻과 배치되는 어떠한 해석이나 비판도 하지 않을 것이다.

6. 본인의 해석을 절대적으로 옳다고 주장하지 않을 것이며 본인의 해석이나 주장과 다른 내용이 있을 때는 경청하고 비판을 수용할 것이나 그들의 비판이나 해석이 성경 본래의 뜻에서 이탈한 경우는 수용하지 않을 것이다.

7. 본인은 성경의 확실성을 입증시키는데 원어를 인용할 것이며 원어에 근거하여 내용의 확실성을 규명할 것이다.

제2장
비판의 본질

1. 비성경적인 주장

(1) 베뢰아 측이 귀신 쫓고 병 고치는 것에 대하여 이의가 없습니다. 이는 예수님이 하신 일이며(마 4:24), 제자들에게 명령하신 일이며(마 10:8), 사도행전에 기록된 내용이기 때문이며 예수님이 믿는 자들에게 하신 명령이기 때문입니다(막 16:17-18).

(2) 문제가 되는 것은 이와 같은 성경에 기록된 행위를 하면서 성경이 말하고 있지 않은 것을 자기 체험을 내세워서 성경을 체험중심으로 해석하여 결론을 성경과 다르게 내놓으면서 그것이 성경의 내용과 일치하는 것이라고 주장하기 때문에 그 주장의 잘못된 내용을 문제 삼는 것입니다.

(3) 교회 사적으로 보면 많은 이단이 있었고, 지금도 새로운 이단들

이 나와서 득세하고 있는데 공통점은 이단들도 한결같이 성경을 말하고 성구를 인용하지만, 성경에 대한 해석을 달리하여 그 해석의 내용이 하나님을 바로 알고 하나님의 영광을 높이는데 두지 않고, 성경을 인용하여 그 성경으로 자기들의 주장을 합리화할 수 있는 해석을 하여 성경 구절을 자기들의 주장과 체험을 믿고 따르게 하는 도구로 사용하고 있습니다.

(4) 베뢰아 측의 주장을 염려하는 것은 그 주장의 내용이 이미 체험으로 결론 내려놓은 것을 합리화시키기 위한 목적으로 성경을 그 목적에 맞게 해석하여 자기들의 체험과 주장이 성경과 일치하는 것처럼 주장해서 그 해석과 주장이 성경적이요 옳은 것으로 알고 모든 그리스도인이 그와 같이 믿고 따라오기를 바라고 있으며, 더욱이 큰 문제는 그 주장을 수용하지 않고 비판하는 것에 대하여 무자비한 언어적 폭력을 가하고 있다는 것입니다.

(5) 또한, 성경은 기록하기를 "후일에 어떤 사람들이 믿음에서 떠나 미혹하는 영과 귀신의 가르침을 따르리라 하셨으니 양심이 화인을 맞아서 외식함으로 거짓말하는 자들이라"(딤전 4:1-2)라고 하신 것을 볼 수 있습니다. 귀신이 나와서 하는 말을 인용하는 것은 귀신의 가르침을 쫓는 것이며 귀신은 거짓말쟁이 마귀의 졸개들이니 그 귀신이 하는 말을 믿을 만하다고 주장하는 것은 귀신의 거짓말을 거짓이 없고, 진실하며 진리이신 예수님의 복음 속에 끌어들여도 괜찮다고 주장하는 것과 같은 것입니다.

(6) 성경을 근거로 볼 때 귀신 쫓는 것은 현장에서 나타나는 현상을

근거로 불신자의 사후 영이 귀신이라고 하는 주장은 성경을 부인하고 새로운 성경을 쓰는 것과 같은 행위로써 하나님 앞에서 중대한 범죄 행위에 해당합니다.

(7) 불신자의 사후 영이 귀신이라면 예수님이 그 사실을 분명하게 말씀하셨을 것입니다. 오히려 예수님은 말씀하시기를 "너희는 너희 아비 마귀에게서 났으니 너희 아비의 욕심대로 너희도 행하고자 하느니라 그는 처음부터 살인한 자요 진리가 그 속에 없으므로 진리에 서지 못하고 거짓을 말할 때마다 제 것으로 말하나니 이는 그가 거짓말쟁이요 거짓의 아비가 되었음이라"(요 8:44) 라고 하셨습니다. 마귀는 근본적으로 거짓말쟁이요 하는 모든 말이 거짓말이라고 했는데 그 마귀의 졸개들인 귀신이 나와서 하는 말을 근거로 정리하여 이론을 만들고 그것을 믿으라고 하니 이 얼마나 비성경적이고 통탄스러운 일입니까?

(8) 귀신이 예수 이름 앞에서 못 속인다고 하는 것은 성경 어디에도 없는 말입니다. 귀신은 예수 이름 앞에서 못 속이는 것이 아니요, 예수 앞에서 못 속이는 것입니다. 예수 앞에서 못 속이는 것은 하나님이신 예수님이 모든 것을 다 알고 계시기 때문에 못 속이는 것이지 예수라는 이름을 가지고 있으므로 그 이름 때문에 못 속이는 것이 아니라는 말입니다.

(9) 예수님이 '내 이름으로 귀신을 쫓아내라'라고 하셨지 내 이름을 사용하면 귀신이 못 속일 것이라고 어디에서 말씀하신 적이 있는가? 성경을 잘 살펴봐야 합니다. 그러므로 귀신이 예수 이름 앞에서 속일 수 없으므로 귀신이 하는 말을 믿을 수 있다고 하는 주장은 전혀 사실

과 다른 것이며, 귀신의 말이라도 믿을 만하다고 가르치기 위한 것일 뿐이요 거짓말쟁이 귀신이 하는 말은 생각해볼 가치가 없다고 할 것입니다.

(10) 오히려 많은 현장에서 베뢰아 측의 연구 보고와는 다르게 귀신들의 황당한 거짓말이 속출하고 있으며 그로 인한 혼란은 웃지 못할 사건으로 소문나고 있습니다.

(11) 베뢰아 측은 그들의 주장을 하나의 학설로 이해하고 인정해 주기를 바라는 표현을 합니다. 그러나 학설은 객관적 증거와 사실 확인을 해야 하는데 자기의 체험을 내세워 주장하는 영적인 세계의 통계자료는 그 자료의 주 내용이 귀신이 하는 말이며 성경은 귀신은 마귀에 속한 영적 존재로서 거짓말을 주무기로 하는 자라고 하므로 증거로 인정할 수가 없습니다. 법정에서 증인이 증언하면 그 증언의 진실성 여부가 반드시 검증절차를 거치는 것이며 증언을 해도 증거가 없으면 그 증언은 아무 의미가 없는 것입니다. 학자가 연구 논문을 발표해도 그 논지를 증명할 근거자료가 없으면 그 논문은 개인의 주장일 뿐 학문적 가치를 인정받을 수 없는 것입니다.

(12) 베뢰아 측의 주장은 여러 가지 많은 예를 제시하고 있으나 그 정보를 제공하는 당사자인 귀신이 하나님이 그 진실성을 인정하지 않으시고 거짓말쟁이라고 했기 때문에 하나님이 인정하지 않으신 귀신이 제공하는 자료를 정리하여 기독교계 학술의 일부를 만들려는 시도는 귀신의 거짓말을 하나님의 말씀과 같이 사실화하려는 작업으로서 비성경적이며 그리스도인이 취할 태도가 아닙니다.

(13) 성경은 기록하기를 "가감하지 말라"(신 12:32) 라고 하시고, "기록된 말씀에 더하면 이 책에 기록된 재앙을 더할 것이요 기록된 말씀을 제하여 버리면 하나님이 이 책에 기록된 생명 나무와 및 거룩한 성에 참여함을 제하여 버리리라"(계 22:19) 라고 하셨기 때문입니다.

(14) 그러므로 성경과 다르고 성경이 증명하지 않은 것을 자기의 체험과 귀신이 하는 말을 근거로 하여 옳다고 주장하는 베뢰아의 귀신론은 비판받아 마땅하며 이러한 잘못된 주장은 정상적인 교회와 모든 그리스도인의 믿음 안에서는 추방되어야 할 것입니다.

이상 열거한 14개 항의 내용을 전제로 하여 베뢰아 귀신론의 문제와 잘못된 점을 구체적으로 비판 정리할 것입니다.

2. 귀신의 정체

(1) 체험으로 불신자의 사후 영이 귀신이라고 한다

베뢰아 측은 귀신의 정체를 베뢰아 사람의 영적 체험에 근거하여 풀어가고 있습니다. 아는 사람의 아내가 심장병으로 죽었는데 조문을 하러 가서 예배를 드리는 중 병풍 뒤에 가려진 죽은 자의 시체에 대하여 예수님의 말씀이 생각나면서 죽은 것이 아니라 잔다는 생각과 함께 병풍을 걷어치우고 일어나라고 소리쳤더니 송장이 벌떡 일어나더라는 것이며, 그 이후 여자의 입에서 귀신이 나와 간다고만 하고 가지 않아서 '네가 누구냐고' 물으니 3년 전에 논에서 농약 하다가 죽은 최

기독교와 영의 세계

아무개라고 자기의 신분을 밝혔으며 아무리 때려도 안 나가던 귀신이 예수 이름으로 나가라고 했더니 귀신이 나가고 죽은 사람이 살아났다는 것입니다. 이 사건을 계기로 귀신에 관한 관심이 커졌으며 이후 집회 현장에서 귀신이 나올 때면 '네가 누구냐'고 물을 때 불신자의 죽은 이름을 대며 귀신을 쫓아내면 쫓겨나고 했으며 이러한 숫자가 8,000명이 넘는다는 것입니다. 따라서 이러한 경험을 근거로 불신자의 사후 영이 귀신이라고 주장하는 것입니다.

이러한 체험 때문에 귀신이 나와서 진실을 말한다고 믿고, 그 믿음에 근거하여 불신자의 사후 영이 귀신이라고 결론 짓고 있는 것입니다. 그러나 성경 어디를 봐도 하나님이 약속하신 말씀을 믿고, 예수 그리스도를 믿으라고 했지 귀신의 말을 믿으라고 하신 말씀은 단 한 곳도 찾아볼 수 없습니다.

(2) 성경은 마귀가 거짓말쟁이라고 한다

오히려 성경은 마귀가 거짓말쟁이요 거짓의 아비라고 가르치고 있습니다(요 8:44). 그뿐만 아니라 마귀가 사람에게 처음 한 말도 거짓말인 것을 볼 수가 있습니다. 하나님은 사람을 하나님의 형상과 모양대로 만드시고 하나님의 생기를 불어넣었습니다. 이렇게 생영이 된 사람에게 최고의 환경 에덴동산을 만드시고 그곳에서 옷을 입지 않고 살아도 춥지도 않고 덥지도 않으며 해함도 없고 상함도 없는 참으로 만족한 삶의 환경을 만드시고 그 에덴동산을 지키고 다스리라 하시고 (창 2:15) 에덴의 기쁨을 계속 누릴 수 있는 삶의 비결을 주셨으니 각종 나무의 실과는 임의로 먹되 "선악을 알게 하는 나무의 열매는 먹지 말라 네가 먹는 날에는 정녕 죽으리라"(창 2:17) 라고 하신 것입니다. 이 말씀에 의하면 사람은 에덴의 기쁨을 누리며 사는데 선악과를 먹으면 안 되고 먹는 날에는 죽게 되어있는 것입니다. 하늘에서 하나님을 대적하여 이기려 하다가 하나님과의 전쟁에서 패하여 땅으로 내어 쫓긴 마귀가 하나님의 생명으로 살게 하신 사람을 거짓말로 속여서 하나님께 불순종하여 죄인이 되게 하고 거짓의 아비요 사망의 신인 마귀의 종이 되게 한 것입니다.

(3) 마귀는 사망의 신이다

마귀가 사망의 신이라는 증거는 무엇입니까? 성경은 "죽음을 통하여 죽음의 세력을 잡은 자 곧 마귀를 멸하시며"(히 2:14) 라고 기록된 내용에 의하여 알 수 있고, 예수를 믿고 구원을 받으면 사망에서 생명으로 옮긴다고 말씀하시며(요 5:24), "한 사람으로 말미암아 죄가 세상에 들어오고 죄로 말미암아 사망이 들어왔나니 이와 같이 모든 사람이 죄를 지었으므로 사망이 모든 사람에게 이르렀느니라"(롬 5:12) 라고 말씀하시고, "그런즉 한 범죄로 많은 사람이 정죄에 이른 것같이 한 의로운 행위로 말미암아 많은 사람이 의롭다 하심을 받아 생명에 이르렀느니라. 한 사람이 순종하지 아니함으로 많은 사람이 죄인 된 것같이 한 사람이 순종하심으로 많은 사람이 의인이 되리라"(롬 5:18-19)라고 말씀하시고, "너희 자신을 종으로 내주어 누구에게 순종하든지 그 순종함을 받는 자의 종이 되는 줄을 너희가 알지 못하느냐 혹은 죄의 종

기독교와 영의 세계

으로 사망에 이르고 혹은 순종의 종으로 의에 이르느니라"(롬 6:16) 라고 하시고, "죄의 삯은 사망이요 하나님의 은사는 그리스도 예수 우리 주 안에 있는 영생이니라"(롬 6:23) 라고 하셨기 때문입니다.

(4) 마귀는 본래 하나님을 섬기던 천사장이었다

정리하면 하나님은 생명의 신이요 영원한 생명이십니다. 사단 마귀는 하나님이 만드신 천사 중에서 가장 완전하게 만드시고 하나님을 수종 들게 했으나 마음에 교만이 생겨서 하나님을 섬겨야 할 피조물이 하나님을 섬기지 않고 하나님과 싸워서 이기므로 말미암아 하늘 보좌를 차지하려고 하나님께 도전하여 하나님과 싸웠으나 이기지 못하고 생명의 신이신 하나님과 싸우므로 사망의 신이 되어 땅으로 내어 쫓긴 것입니다(사 14:12-14, 겔 28:13-15, 계 12:7-9).

(5) 용은 하나님을 대적하여 사단이 되고 그 졸개들은 귀신이 되었다

이는 곧 하나님은 생명의 신이요 하나님을 수종 들던 천사들도 생명의 천사로 만드셨는데 생명의 신이신 하나님께 반대하여 싸우므로 사망의 신이 된 것입니다. 그러므로 성경은 기록하기를 "하늘에 전쟁이 있으니 미가엘과 그의 사자들이 용으로 더불어 싸울 새 용과 그의 사자들도 싸우나 이기지 못하여 다시 하늘에서 저희의 있을 곳을 얻지 못한지라. 큰 용이 내어 쫓기니 옛 뱀 곧 마귀라고도 하고 사단이라고도 하는 온 천하를 꾀는 자라 땅으로 내어 쫓기니 그의 사자들도 저와 함께 내어쫓기니라"(계 12:7-9). 하늘에서 하나님을 수종 들던 천사장이 하나님께 반란을 일으키니 그 천사장에 속한 천사들도 그 천사장과 함께 반란군이 되어 하나님의 군대 장관인 미가엘 천사장과 싸우다 이기지 못하고 내어 쫓겼으니 마귀라고도 하고 사단이라고도 하는 온 천하를 꾀는 자이며 이는 사망의 신이라는 것입니다. 땅으로 쫓겨난 용은 사단 마귀가 되고, 그 사자들은 세상에서 귀신이 되었습니다. 이 부분을 잘 정리해야 합니다. 하늘에서 하나님께 반란을 일으켜 사망의 신이 된 사단 마귀가 그의 사자들과 함께 땅으로 내어 쫓겼다는 것입니다. 그러므로 하늘에서는 사망의 신 사단이 있을 곳이 없으므로 땅으로 내어 쫓겼는데 땅에 하나님의 형상과 모양을 닮은 사람이 있었고(창 1:26-27), 그 사람이 하나님의 영을 받아서 하나님이 만드신 피조 세계의 모든 피조물을 다스리는 권세를 가지고(창 1:28, 2:15) 최고의 환경 에덴동산에서 살고 있었던 것입니다.

(6) 마귀가 사람을 속여서 종으로 삼았다

하나님은 이 미혹자 마귀가 사람에게 접근하여 하늘에서 이루지 못한 도전을 땅에서 이루기 위하여 진실하신 하나님께 도전하여 거짓말쟁이가 된 마귀가 거짓말로 사람을 속여서 죄의 유혹을 할 것을 아시고, 그 유혹을 받아들이게 되면 사망의 신의 종이 되고 사망의 신의 종이 되면 곧 영혼이 죽게 되어 하나님을 섬기던 생명의 사람 영이 살아 있는 사람이 하나님께 불순종하고 마귀에게 순종하는 순간에 순종함을 받는 사망의 신 마귀의 종이 되어 그 영이 죽게 될 것을 말씀하고 있는 것입니다. 그러므로 성경은 말하기를 "너희 자신을 종으로 내

기독교와 영의 세계

주어 누구에게 순종하든지 그 순종함을 받는 자의 종이 되는 줄을 너희가 알지 못하느냐 혹은 죄의 종으로 사망에 이르고 혹은 순종의 종으로 의에 이르느니라"(롬 6:16) 라고 말씀하시는 것입니다.

(7) 성경은 영적으로 해석하고 믿어야 한다

이처럼 정리하는 것은 가장 성경적이며 이는 곧 영이신 하나님이 세상에 사람을 흙으로 하나님의 형상과 모양대로 만드시고 그 사람에게 하나님의 생기를 불어넣어서 산 영 곧 생영이 되게 하시고 하나님과 교통하는 창구를 사람의 육체가 아닌 영혼과의 교통으로 하셨으며, 그러므로 성경이 사람의 살고 죽는 것을 말할 때 그 영혼을 기준으로 하신다는 것입니다. 예수 믿고 구원받고 거듭난다는 것은 죄로 말미암아 죽은 영혼이 예수를 믿음으로 말미암아 예수님의 은혜로 살아난다는 것입니다. 그러므로 성경은 말하기를 "그는 허물과 죄로 죽었던 너희를 살리셨도다. 그 때에 너희는 그 가운데서 행하여 이 세상 풍조를 따르고 공중의 권세 잡은 자를 따랐으니 곧 지금 불순종의 아들들 가운데서 역사하는 영이라"(엡 2:1-2) 라고 말씀하시는 것입니다. 그러므로 하나님이 아담에게 "선악을 알게 하는 나무의 열매는 먹지 말라 네가 먹는 날에는 반드시 죽으리라 하시니라"(창 2:17) 라고 하신 말씀에서 '죽으리라'의 죽은 대상이 무엇이냐가 핵심요소입니다.

(8) 하나님이 죽는다고 하신 말씀은 영혼의 죽음에 관한 것이다

성경의 전체적인 구성과 흐름을 볼 때 하나님이 죽으리라고 하신 말씀은 육신에 대한 것이 아니요, 영혼에 대한 것입니다. 그러므로 성경은 말하기를 "한 사람으로 말미암아 죄가 세상에 들어오고 죄로 말미암아 사망이 들어왔나니 이와 같이 모든 사람이 죄를 지었으므로 사망이 모든 사람에게 이르렀느니라"(롬 5:12) 라고 하시고, "아담 안에서 모든 사람이 죽은 것 같이 그리스도 안에서 모든 사람이 삶을 얻으리라"(고전 15:22) 라고 하셨습니다. 정리해보면 하나님이 만드신 산 영인 사람이 하나님의 말씀에 불순종하여 선악을 아는 나무 열매인 선악과를 먹으므로 선이신 하나님만 알아야 할 사람이 악한 마귀 사망의 신 뱀의 그 말에 속아서 순종하므로 그 종이 되고 사망의 신 마귀의 종이 되니 그와 함께 그 영도 죽은 영이 되어 정녕 죽으리라고 하신 하나님의 말씀이 이루어졌습니다. 이로 말미암아 저주받고 지옥 가게 된 영혼을 구원하기 위하여 하나님이 불쌍히 여기시고 독생자를 세상에 보내어 믿는 자마다 죽은 영이 살아나고 영생을 얻게 하신 것입니다(요 3:16).

(9) 마귀는 사람의 육신을 중심으로 말한다

그런데 뱀은 하와에게 말했습니다. "너희가 결코 죽지 아니하리라 너희가 그것을 먹는 날에는 너희 눈이 밝아져 하나님과 같이 되어 선악을 알 줄 하나님이 아심이니라"(창 3:4-5). 하나님의 말씀은 "먹지 말라 하시고 먹으면 정녕 죽으리라"(창 2:17) 라고 하셨는데, 뱀이 와서 하는 말은 "너희가 결코 죽지 아니하리라 너희가 그것을 먹는 날에는 너희 눈이 밝아져 하나님과 같이 되어 선악을 알 줄 하나님이 아심이니

기독교와 영의 세계

라"(창 3:4-5) 라고 말하므로 하나님의 말씀을 전적으로 부인하여 하나님을 거짓말쟁이로 만들고 하나님의 말씀과 다른 거짓말을 하여 믿게 하므로 마귀의 말대로 하는 것이 더 좋다고 유혹하고 있는 것입니다. 이는 선악과를 먹으므로 육신의 눈을 뜨고 육의 사람이 되어 하나님께 불순종하고 자기가 주인 된 생활을 하는 것이 더 좋다고 유혹하는 것입니다.

(10) 마귀의 유혹은 하나님에 대한 순종보다 불순종이 더 좋다는 것이다

뱀의 말과 하나님의 말씀 사이에서 우리가 생각할 것은 과연 누구의 말이 진실하고 옳은 말이냐 하는 것입니다. 만일에 뱀의 말이 더 좋아서 죄지은 것이 복이 되었으면 뱀의 말이 옳다고 할 것입니다. 뱀의 말을 다시 정리하면 하나님의 말씀대로 하는 것보다 뱀의 말대로 하는 것이 더 좋다는 결론입니다. 그러나 뱀의 말대로 하는 것이 좋았으면 하나님이 구세주 예수님을 보내서 고난의 십자가를 지고 대속 제물로 죽지 않아도 됐을 것입니다. 뱀의 말을 듣고 하나님의 말씀에 불순종한 결과로 영이 죽고 육이 살아 하나님이 만드신 에덴동산에서 쫓겨나게 되었고 한 번 지은 죄로 마귀의 종이 된 사람은 마귀가 주는 죄의 유혹과 사망의 고통과 지옥의 형벌을 피할 수 없었고 시기하고 질투하고 미워하며 살인하고 약탈하며 짐승까지도 원수가 되어 잠시도 편할 날이 없는 사람이 되었습니다(창 10:9). 그러나 베뢰아는 아담과 하와가 선악과를 먹으므로 문명의 발전이라는 복을 받았다고 말합니다. 이는 베뢰아의 성경관이 마귀의 주장과 일치함을 보여주고 있습니다.

(11) 말씀을 영적으로 해석하면 하나님 중심이요 육적으로 해석하면 마
귀 중심이다

결론 지으면 하나님이 정녕 죽으리라 하신 말씀은 영혼 중심의 영
적인 하나님의 말씀이요 마귀가 결코 죽지 아니하리라 하는 말은 육
신 중심의 육적인 말이라는 것입니다. 따라서 영생을 목적으로 예수
믿는 그리스도의 교회는 당연히 영적인 해석을 해야 할 것이며 죄로
말미암아 아담의 영이 죽고 저주가 왔으며 모든 사람이 죄인 되어 영
이 죽게 된 것을 믿어야 하고 예수님도 이처럼 영적으로 믿어야 합니
다. "한 사람으로 말미암아 죄가 세상에 들어오고 죄로 말미암아 사망
이 들어왔나니 이와 같이 모든 사람이 죄를 지었으므로 사망이 모든
사람에게 이르렀느니라"(롬 5:12). "너희 자신을 종으로 내주어 누구에
게 순종하든지 그 순종함을 받는 자의 종이 되는 줄을 너희가 알지 못
하느냐 혹은 죄의 종으로 사망에 이르고 혹은 순종의 종으로 의에 이
르느니라"(롬 6:16).

3. 하나님의 의도

(1) 하나님의 계획

죄로 말미암아 사망이 왔다는 로마서 5장 12절의 말씀은 다른 말로
하면 아담이 죄를 지으므로 아담의 영이 죽었다는 말입니다. 문제는
하나님이 선악과를 먹지 말라고 하실 때 하나님이 먹지 말라고 하신

까닭이 무엇이냐 하는 것입니다. 이 부분에 대한 베뢰아 측의 해석은 '하나님의 의도'에서 하나님이 하나님의 우편 보좌를 아들 예수님에게 물려주시기 위해서 예수님이 세상에 오셔서 죽으시고 부활하셔야 하나님 보좌 우편에 오르실 수 있는데 이 예수님이 하나님께 범죄 한 마귀를 진멸하고 하나님 보좌 우편을 상속하시기 위하여 사람을 창조하시고 에덴동산을 만드신 후에 사람에게 에덴동산에 살게 하시고 선악과를 먹지 말라고 하셨는데, 하나님의 계획은 사람이 선악과를 먹어야 예수님이 오셔서 죽으시고 부활하실 수 있는 길이 열리고 그러므로 하나님의 뜻은 사람이 선악과를 먹어야 마귀가 진멸되고 예수님이 하늘 보좌를 상속할 수 있으며 그러므로 사람의 창조는 예수님의 하늘 보좌 상속과 마귀를 진멸하기 위한 하나님의 계획을 위하여 창조된 것이며 이 계획에 의하면 에덴동산의 아담과 하와는 선악과를 먹어야 하는 것이 하나님의 계획이었으며 아담이 선악과를 먹어야 하나님의 계획이 이루어진다고 주장하는 것입니다. 이는 불신자의 사후 영이 귀신이라는 베뢰아의 주장을 합리화하기 위한 그의 조작된 이론일 뿐이며 성경적 근거가 없습니다.

(2) 하나님의 이중성

베뢰아 측의 주장을 그대로 받아들인다면 심각한 문제가 생기는 것입니다. 먼저 중요한 것은 하나님의 진실성에 관한 것입니다. 성경은 하나님이 진실하시고 거짓말을 하지 않으시며 거짓말을 하실 수 없다고 했습니다(히 6:18). 이 말씀을 믿는다면 하나님은 거짓말을 하지 않으십니다. 그러나 베뢰아 측의 성경해석에 의하면 하나님은 마귀 진멸의 계획을 세우고 아들에게 하늘 보좌를 상속할 계획을 세우셨으며 그 계획의 완성을 위하여 사람을 창조하시고 에덴동산에 사람을 두시고 선악과를 만드사 먹지 말라고 하신 것은 하나님의 계획을 이루려는 방법이었으며, 이 계획에 의하면 아담이 선악과를 먹어야 하나님의 계획이 이루어지게 되어있는 것입니다. 따라서 '먹지 말라'라고 한 하나님의 말씀은 거짓말이 됩니다. 하나님을 거짓말쟁이 마귀와 같게 만드는 주장입니다.

(3) 하나님의 계획을 위하여 사람의 범죄는 꼭 필요한 것이다

따라서 하나님의 의도에 의하면 하나님은 선악과를 먹지 말라고 명령하셨으나 하나님은 먹기를 바라고 있었고 선악과를 먹으므로 말미암아 문화의 발전이라고 하는 축복을 경험하게 되었다는 것입니다. 이 하나님의 의도에 의하면 하나님은 아담에게 선악과를 먹지 말라고 말씀하셨으나 하나님은 먹기를 바라고 계셨다는 추론이 성립됩니다. 그 까닭은 사람은 하나님의 계획을 위하여 창조되었고 하나님이 이루시고자 하는 계획은 아들에게 하늘 우편 보좌를 물려주는 것이며 그 계획을 이루는데 마귀를 진멸해야 했으며 마귀를 합법적으로 진멸하기 위해서 반드시 마귀의 유혹을 받아들인 사람의 범죄가 필요했다는 것입니다. 그러므로 하나님은 먹지 말라고 하셨으나 하나님의 계획을 이루시는데 아담의 불순종과 범죄가 필요했으며 그러므로 아담의 범죄는 하나님의 계획을 성취하는 데 꼭 필요했다는 것입니다. 이러한

기독교와 영의 세계

주장은 베뢰아 사람이 마귀의 시각에서 본 하나님에 관한 주장이며, 자기주장의 합리화를 위하여 만들어 놓은 육신의 생각에 의한 성경해석으로 불순종과 범죄를 정당화하는 비성경적 주장입니다.

(4) 하나님은 진실하지 않다

이렇게 정리해보면 결론이 납니다. 하나님은 '먹지 말라'고 명령하셨지만 먹기를 바라고 있었으며 먹는 것이 이미 하나님이 세워 놓으신 계획이라는 것입니다. 이는 곧 하나님의 이중성을 드러내고 있으며 하나님은 하나님의 뜻을 이루는데 사람의 불순종이 요구되었으며 그러므로 사람의 불순종은 하나님의 계획을 이루는 데 필수적이며 불순종하는 것이 순종하는 것보다 잘하는 것이라는 결론이 나오는 것입니다. 이렇게 된다면 한 가지 지울 수 없는 의문이 대두됩니다. 하나님은 명령하시는데 그 명령을 그대로 수행하는 것이 옳은 것인가? 하나님의 명령에 대한 불순종이 하나님의 뜻을 이루는 것이라면 하나님의 진실성은 어디에서 찾을 것인가? 이는 하나님의 진실성을 말하는 말씀 자체가 거짓말이라는 결론에 이르게 되는 것이며 하나님의 뜻을 이루는 데는 거짓과 불순종이 같이 요구된다는 결론에 이르게 되는 것입니다. 이는 곧 거짓말쟁이 신 마귀와 하나님을 동일시하는 사단적인 주장이 되는 것이며, 하나님과 상관없는 거짓이요 가설입니다.

(5) 하나님과 마귀는 다르지 않다

이 주장이 베뢰아 측 하나님의 계획에 대한 결론이라면 하나님과 마귀가 근본적으로 무엇이 어떻게 다르다고 할 수 있는가? 하는 점입니다. 마귀는 본래 빛의 신이었는데 어둠의 신이 되었습니다. 하나님은 빛의 신이었지만 자신의 계획을 완성하는데, 어둠이 필요했으며 어둠이 없이는 자신이 계획을 이룰 수 없었다고 한다면 마귀와 하나님이 무엇이 어떻게 다르며 하나님을 어떻게 믿을 수 있느냐 하는 것입니다. 성경은 마귀가 처음부터 거짓말쟁이요 거짓을 말할 때마다 제 것으로 말한다고 증거 합니다(요 8:44).

그리고 성경은 마귀가 처음으로 한 거짓말이 하나님의 말씀에 대한 불순종이 더 좋다고 말한 사실을 거짓말이라고 합니다. 그러나 베뢰아 측이 주장하는 하나님의 의도에 의하면 뱀의 말이 거짓이 아닌 진실이고 하나님의 말이 거짓이라는 결론에 이르게 됩니다. 베뢰아 사람의 주장에 의하면 마귀의 말에 의한 사람의 범죄는 인류문화 발전의 길이 열린 것이며 오늘날 인류의 발전은 아담의 범죄로부터 시작된 것이라는 주장을 합니다. 그들의 주장을 그대로 수용하면 마귀는 오히려 진실을 말했고 하나님은 자기의 양심을 속이는 거짓말을 자기의 계획성취를 위하여서 했으니 하나님이 거짓말쟁이요 마귀가 진실하고 믿을 만하다는 하나님의 말씀과 상반되는 결과가 베뢰아 측의 성경해석이 내놓은 결과라는 것입니다.

그뿐만 아니라 아담의 범죄로 인류문화 발전의 길이 열렸다는 주장은 마귀의 범죄를 미화하는 주장을 하므로 성경을 하나님의 말씀 중심으로 보지 않고 마귀의 범죄 중심으로 보고 해석한 것입니다.

기독교와 영의 세계

(6) 無와 有, 빛과 어둠이 같다

그렇게 되면 하나님을 섬기는 것이나 죄를 짓는 것이나 비슷하다는 결론에 이르게 됩니다. 하나님은 하나님의 뜻을 이루는데 마귀가 꼭 필요했으며 마귀는 깨달음을 얻는데 스스로 깨달아야 한다고 주장하고 있기 때문입니다. 불교의 핵심원리는 無이며 無는 무슨 깨달음의 결과로 얻어지는 것이며 깨달음이란 그들이 늘 반복하는 반야심경에 의하면 있는 것과 없는 것이 같고 보이는 것과 보이지 않는 것이 같으며 거룩한 것과 더러운 것이 같음을 알면 그것이 곧 부처의 경지에 이르는 깨달음에 이른다고 말하고 있기 때문입니다. 영적으로 보면 베뢰아 사람의 주장은 가장 신본주의처럼 말하지만, 그 내용은 마귀의 주장을 미화하는 마귀 대변인 역할을 하는 것입니다.

(7) 하나님의 말씀과 다른 마귀론

이처럼 정리해보면 베뢰아 측의 주장은 세상 신의 주장과 다른 것 같으나 비슷하고 이렇게 하나님과 마귀가 대동소이 하다면 오늘날 그리스도인들이 믿는 믿음이 과연 무엇을 믿어야 할 것인가에 대한 답을 제시하기 어려울 것입니다. 왜냐하면, 하나님이 사람에게 하신 맨 처음의 말이 거짓말이요 마귀의 말이 오히려 하나님의 뜻을 이루는 것이며 진실한 것이란 주장의 연장 선상에 베뢰아 측이 주장하는 마귀론이 자리 잡고 있기 때문입니다.

그러므로 귀신의 말을 다 거짓말이라고 주장할 것이 아니라 그 말에 의해서 하나님의 진리를 증거 해보자는 그들의 주장이 설득력을 얻을 수 있는 이론이 하나님의 의도 속에 나오고 있다는 것입니다. 이런 주장은 사단적이며 이러한 주장으로 사람을 속이고 귀신을 쫓아낸다고 할지라도 성경의 진리를 왜곡한 범죄는 천국에 갈 수 없는 고범죄입니다.

(8) 베뢰아 측의 주장은 비성경적이다

그러면 베뢰아 측의 주장은 과연 정당한 것입니까? 이는 성경을 근본적으로 부정하는 심각한 문제를 선포하면서 그것이 하나님을 가장 바르게 알고 있는 것인 양 사람들을 속이고 있다는 것입니다. 이 점에서 다른 이단들과의 유사점과 공통점을 같이 보여주고 있습니다.

여호와의 증인 교주 죤 럿셀이 예수를 믿으면서 늘 지옥에 대한 두려움을 가지고 불안해하다가 어느 날 누구에겐가 지옥이 없다는 말을 듣고 큰 감동을 하여 지옥에 대한 두려움에서 해방을 받고 그때부터 지옥이 없다는 이론을 정당화할 수 있는 이론을 하나님의 말씀에서 뽑아내서 지옥은 없고 이 땅에서 영원히 산다는 교리를 완성한 후 여호와의 증인들을 모아 새로운 종교를 시작했고 이 이단이 우리나라에도 들어와서 하나님의 말씀과 전혀 관계없는 내용을 하나님의 말씀에 대한 잘못된 해석으로 하나님을 가장 잘 섬기는 최고의 삶의 비결이라고 강조하며 전파하고 있습니다.

특징과 핵심은 자기의 체험을 중시하며 체험중심으로 성경을 해석하고 교리를 구성했다는 것입니다.

기독교와 영의 세계

(9) 하나님의 의도는 만들어진 것이며 성경과 다르다

베뢰아 측이 금과옥조처럼 여기는 하나님의 의도는 무엇입니까? 하나님의 의도 핵심은 하나님은 이중인격자요 거짓말쟁이이며 자기의 계획을 이루는데, 마귀를 사용했고 그 계획이 마귀가 아니면 이루어질 수 없는 것이라는 것이며 마귀는 거짓말쟁이가 아니요, 마귀의 말로 사람은 문화발전의 길로 접어들게 되었고 오늘날의 축복을 누리게 되었다는 것입니다. 그러나 이것은 마귀의 진멸을 강조하고 있으나 이는 마귀를 부각하며 불신자의 사후 영이 귀신이 된다는 주장을 합리적인 주장으로 만들기 위한 시나리오에 불과할 뿐 성경에 기록된 하나님의 뜻과는 전혀 상관없는 것입니다. 이것은 베뢰아 사람이 자기주장을 위하여 만들어낸 거짓말이요 그 내용은 하나님을 대적하고 귀신의 가르침대로 이론을 만들어 불신자의 사후 영이 귀신이라는 무속인들의 주장을 하나님 말씀 위에 올려놓은 범죄 행위입니다.

(10) 성경해석의 기준이 중요하다

참으로 중요한 것이 있는데 성경을 해석하면서 그 기준을 어디에 둘 것인가 하는 점입니다. 베뢰아 측은 해석의 기준을 체험에 두고 성경해석을 그 체험이 하나님의 말씀과 같다는 사실을 입증시키는데 두었다는 것입니다. 그러나 이러한 성경해석법은 모든 이단이 사용하고 있는 공통적 특징이 있는 해석방법입니다.

성경을 바로 알고 바로 해석하는데 필요한 기준은 무엇입니까? 그 기준은 성경의 해석이 하나님의 말씀과 일치해야 한다는 것입니다.

만일에 하나님의 말씀과 일치하지 않는 해석이 나오게 되면 그 해석은 잘못된 것이며 관심을 가지거나 인용할 가치가 전혀 없다는 것입니다. 베뢰아 측 하나님의 의도와 선악과에서 하는 해석은 하나님은 거짓말쟁이이며 믿을 수 없다는 것입니다.

왜냐하면, 선악과를 먹지 말라고 했으나 하나님의 계획에 의하면 예수는 하나님의 아들로 하늘 우편 보좌를 상속받을 상속자인데 이 상속자가 하늘 우편 보좌를 상속하기 위해서는 사람의 모양으로 세상에 가서 죽음과 부활을 맛봐야 하는데 이렇게 하는 데 있어서 꼭 필요한 것은 선악과를 먹지 말라고 하나님이 명하신 사람이 불순종하고 선악과를 먹어줘야 예수님 세상에 와서 죽을 길이 열리고 죽어서 부활해야 하나님 우편 보좌를 상속할 수 있어서 하나님이 사람에게 선악과 먹지 말 것을 명령했으나 그 명령을 거역하고 불순종하며 죄인 되기를 하나님이 바라고 계셨다는 주장입니다.

그렇다면 하나님의 의도에 나타난 하나님은 거짓말쟁이요 마귀의 말이 오히려 진실하다는 것이며 하나님은 믿을 수가 없다는 것입니다. 이것은 사실이 아닌 거짓이며 이 주장을 받아들일 때 성경은 거짓말을 기록해 놓은 책이며 불순종해야 오히려 복을 받으니 말씀에 순종할 필요가 없다고 할 것입니다.

그러나 이러한 주장은 하나님이 믿으라고 주신 하나님의 말씀이 전혀 믿을 것이 없으며 사실이 이러하니 하나님의 말씀에 불순종해도 귀신 쫓고 병만 고치면 그것이 제일인 것처럼 하는 주장이 나오게 된다는 것입니다. 그러므로 이러한 해석은 근본적으로 잘못된 것이며

기독교와 영의 세계

이러한 해석이 정당한 대우를 받는다면 기독교는 마귀가 아니고는 그 존재 가치가 없는 종교로 전락해 버리고 말게 되는 것입니다.

(11) 베뢰아 측 주장의 문제점 - 원어 적으로 잘못되었다

다시 본론으로 들어가서 불신자의 사후 영이 귀신이라고 하는 저들의 주장은 어떤 문제를 안고 있습니까? 먼저, 가장 중요한 것은 성경의 원어를 근거로 볼 때 그 의미가 잘못되었다는 것입니다. 귀신이라고 하면 그 귀신이라는 단어를 δαιμόνιον(다이모니온)이라고 쓰고 있고, 그 귀신의 의미를 정리할 때 더러운 영 혹은 더러운 귀신이라고 하며 그 원어에는 πνεύμα ἀκάθαρτον(프네우마 아카다르톤)이라고 쓰고 있습니다. 베뢰아 측은 사람이 죽으면 혼이 영에 잠재되어 인격이 없어지고 사람의 몸에 들어가면 다시 인격이 나타난다고 합니다. 그러나 이는 불신자의 사후 영이 귀신이라고 하는 것을 전제로 한 해석일 뿐 성경 어디에도 그 주장을 증명할 내용은 없습니다. 성경에 의하면 귀신은 영이고 그 영은 더러운 영이라는 것입니다. 영(πνευμα)이라는 헬라어는 천사의 영, 성령, 더러운 영 등 모든 영에 공통으로 쓰이고 있는 것을 볼 수 있습니다. 상대적으로 사람의 영혼에 대해서는 ψυχή라는 단어를 쓰고 있는 것을 볼 수 있습니다.

베뢰아 측의 주장대로 불신자의 사후 영이 귀신이라면 귀신에 관해서 쓸 때 사람의 영혼을 말할 때 쓰는 단어인 ψυχή가 있어야 할 것입니다. 그러나 성경 어디에도 ψυχή와 귀신과의 연관성을 찾아볼 수가 없습니다. 베뢰아 측은 사람이 죽으면 인격이 영에 잠재되므로 πνευμα

가 된다고 주장하지만 이러한 주장은 그 근거를 찾을 수 없고, 오히려 사람이 죽은 후에도 ψυχή라고 성경은 기록하고 있습니다.

계시록 6장 9절을 보면 "다섯째 인을 떼실 때에 내가 보니 하나님의 말씀과 그들이 가진 증거로 말미암아 죽임을 당한 영혼들이 제단 아래에 있어" 여기에서 '죽임을 당한 영혼'이라고 할 때 베뢰아 측의 주장대로 한다면 죽었으므로 영이 인격에 잠재되었으니 πνευμα로 써야 할 것인데 성경은 πνευμα가 아닌 ψυχή를 원어로 사용하고 있는 것입니다. 그뿐만 아니라 계시록 20장 4절을 보면 "또 내가 보좌들을 보니 거기에 앉은 자들이 있어 심판하는 권세를 받았더라 또 내가 보니 예수를 증언함과 하나님의 말씀 때문에 목 베임을 당한 자들의 영혼들과"라고 기록된 것을 볼 수 있습니다. 여기에서도 '목 베임을 받은 자의 영혼들'이라고 말할 때 πνευμα가 아닌 ψυχή를 쓰고 있는 것을 볼 수 있습니다.

베뢰아 측의 주장대로라면 죽었으므로 인격이 영에 잠재되어 있으니 πνευμα로 기록되어야 할 것이고 그래야 그들의 주장대로 더러운 죄를 짓고 죽은 영혼들은 ἀκάθαρτον 수식어가 붙어서 더러운 영, 더러운 귀신이 될 수 있는 것입니다. 그런데도 성경의 헬라어 원어가 죽은 자의 영혼을 πνευμα로 하지 않고 ψυχή라고 했으니 베뢰아 측의 주장은 성경과 전혀 맞지 않은 주장일 뿐만 아니라 하나님의 말씀에 근거가 없는 억지 주장에 불과한 것입니다.

기독교와 영의 세계

4. 귀신론으로 제시한 증거

베뢰아 측은 갈릴리호수 주변 거라사 지방에서 귀신들린 사람에게 귀신이 나와 '군대니 우리 수가 많음이니라' 한 주장에 대하여 로마 군대의 수천 명이 전투 중에 그곳 어디에선가 죽어서 귀신이 되었다고 주장합니다.

(1) 군대 귀신은 로마군 수천 명이 주전 60년에 죽었다고 주장한다

이러한 주장은 역사적 사건과 관계가 있으므로 반드시 증거가 있어야 합니다. 베뢰아 측이 쓴 책을 그대로 인용해보면 귀신론 P121에 예수께서 귀신에게"네 이름이 무엇이냐"물으시니 "군대입니다"라고 대답했습니다. 귀신이 말한 군대라는 단어는 예수님 당시 로마 군대에서 사용하던 용어로서 수천 명의 보병으로 이루어진 군단을 가리킵니다. "어떤 기록에는 주전 60년경에 팔레스타인 지역에서 전투가 벌어져 수많은 로마 군인이 몰살했다고 합니다."라고 주장하고 있습니다.

그러나 성경은 기록하기를 "예수님이 네 이름이 무엇이냐 하시니 내 이름은 군대니 이는 우리가 많음이나이다"라고 대답하고 있는 것을 볼 수 있습니다. 이 귀신이 말하는 군대의 의미를 더욱 확실히 하기 위하여 성경의 관주 해석을 찾아보면 마태복음 26장 52-53절에 예수님이 잡히시던 밤에 베드로가 검을 빼서 대제사장의 종 말고의 귀를 베어 자르니 예수님이 베드로에게 말씀하시기를 "네 칼을 도로 칼집에 꽂으라 칼을 가지는 자는 다 칼로 망하느니라" 라고 하시고,

53절에 "너는 내가 내 아버지께 구하여 지금 열두 군단 더 되는 천사를 보내시게 할 수 없는 줄로 아느냐" 라고 책망하시는 것을 볼 수가 있습니다.

(2) 천사는 군단의 조직이 있다

1영은 1군단에 해당하는 숫자로서 열두 군단의 천사를 부를 수 있다고 말씀하시는 것을 볼 때 거라사 지방의 정신병자에게 들렸다가 돼지에게로 들어간 귀신은 전에 마귀와 함께 하늘에서 쫓겨나 무리를 지어서 다니며 사람을 공격하고 괴롭히는 마귀의 졸개들로 봄이 합당할 것입니다. 그러나 베뢰아 측은 성경을 외면한 채 불신자의 사후 영이 귀신이라는 것을 전제로 하여 로마 군대가 주전 60년경에 전투에서 많이 죽었다고 하면서 그 출처를 '어떤 기록에'라고 말하고 있는 것입니다. 그러나 당시 세계 최강이던 로마 군대가 수천 명이 죽는다는 것은 보통사건이 아니며 반드시 역사에 그 기록이 남게 되어있는 것입니다.

그러므로 베뢰아 측의 주장대로 이 사건을 어떤 기록에서 봤으면 반드시 그 기록의 명칭과 저자를 제시해야 할 것입니다. 그런데 단순히 자기들의 주장을 합리화시킬 목적으로 어떤 기록에 주전 60년경 로마 군인이 전투에서 수천 명이 죽었는데 그 죽은 로마 군인들이 군대 귀신이 되었다고 주장하는 것입니다.

(3) 플라비우스 요세푸스가 쓴 유대전쟁사

저는 이 사실을 확인하기 위해서 자료를 정리해 봤습니다. 이 부분

기독교와 영의 세계

에 대하여 가장 정확한 자료는 저명한 유대의 역사학자 플라비우스 요세푸스가 쓴 '유대 전쟁사'가 가장 정확한 자료입니다.

플라비우스 요세푸스는 주후 37년에 태어나서 2세기 초반까지 살았던 유대의 가장 저명한 역사학자입니다. 그는 대제사장 가문 출신이었으며 일찍이 율법에 통달했고 그의 나이 14세 때 유대의 랍비들이 와서 조언을 구했으며 16세부터는 유대의 3대 종파(바리세파, 사두개파, 에세네파)를 광야에서 경험하고 26세 때는 로마를 방문했으며 갈릴리지역 책임자가 되어 전투를 치른 경험도 있는 다방면에 출중한 인물입니다. 베스파시아누스가 황제가 될 것을 예언했고 그의 예언이 이루어지자 그는 로마 황제에 의하여 식민지의 백성이 아닌 완전 자유인이 되어 학문연구에 전념하였고 저술 활동을 하였습니다. 그의 저서를 보면 유대전쟁사 7권, 유대고대사 20권, 아피온 반박문 2권 등이 있습니다. 특별히 그가 쓴 유대전쟁사와 유대고대사는 학자들에 의하여 이스라엘의 전쟁과 고대역사 특별히 로마의 역사까지도 알 수 있는 최고의 고전으로 평가받고 있습니다.

로마 군인의 전사에 대해서는 플라비우스 요세푸스가 쓴 유대전쟁사 외에는 다른 어떠한 자료도 없습니다. 우리나라에 번역 출간된 책은 유대전쟁사 외에 어떠한 자료도 없고 이스라엘 내부에서도 플라비우스 요세푸스가 쓴 유대전쟁사보다 더 구체적이고 소상한 어떠한 자료도 없기 때문입니다.

나는 '군대 귀신이 로마 군대가 전투에서 패하여 20여 세 나이의 군인 수천 명이 죽었다.'라는 베뢰아 측의 주장을 확인하기 위해서 부득이 유대전쟁사를 소상히 정독하게 되었습니다. 다행스러운 것은 요세푸스의 유대전쟁사가 마카비전쟁(주전 161년경)부터 시작하고 있다는 것입니다. 그러나 베뢰아 측의 주장을 그대로 인용한다면 사람의 자연수명은 120년이고 자연수명을 채우지 못한 귀신들이 자연수명을 채울 때까지 음부인 세상에서 다니다가 자연수명이 차면 또 다른 장소 무저갱으로 들어가면서 귀신의 활동이 종료되는 관계로 예수님이 30세부터 공생애를 시작하여 33세에 죽으시고 부활 승천하셨기 때문에 죽어서 예수님이 공생애 활동을 하실 그 시점에 자연수명이 다하여 무저갱에 들어가지 않고 귀신의 활동을 할 수 있는 숫자의 계산이 필요합니다. 그렇게 본다면 군인이 20세라고 가정을 하고 20세에 죽으면 귀신으로 활동할 수 있는 기간이 100년이 되니 예수님이 30세 이후 32-33세 기간에도 귀신의 활동을 할 수 있으려면 군인은 20세이고 나머지는 100년이니 100년에서 예수님 나이 32를 빼면 68이라는 숫자가 나옵니다. 이는 주전 68년 이후에 죽은 로마의 군인은 베뢰아 측의 주장대로 하면 예수님 당시에 귀신으로 활동을 할 수 있다는 계산이 나옵니다.

이 계산을 근거로 볼 때 베뢰아 측이 저술한 책에서 주전 60년경에 팔레스타인 지방에서 로마군 수천 명이 전투 중에 죽었고 그들이 귀신이 되었다고 하는 설정은 그 주장에 부합한 상당히 적절한 계산이었다고 평가가 되는 것입니다. 그러나 모든 학문은 사실에 근거한 것이어야 하며 특별히 역사학에서는 확실하게 역사적 사실이 기록에 의하여 증명되어야 합니다.

기독교와 영의 세계

(4) 유대전쟁사에 주전 60년경 로마 군대의 전투에서 죽음은 없다

이 사실 여부를 규명하기 위하여 저는 플라비우스 요세푸스가 쓴 유대전쟁사를 세밀하게 보기 시작했습니다. 베뢰아 사람은 주전 60년경이라고 했지만 저는 주전 100년부터 주후 40년까지 140년의 유대전쟁사를 세밀하게 정독하며 검토하였습니다. 그러나 거기서 얻은 결론은 베뢰아 측의 주장이 사실과 다르다는 것입니다.

먼저, 유대전쟁사의 신빙성 여부는 이미 언급하였습니다. 플라비우스 요세푸스는 유대 역사를 기록하면서 방대한 자료를 수집하여 가장 객관적이고 사실적이며 누구도 이의를 제기할 수 없는 신뢰를 바탕으로 기록되었다고 하는 것입니다. 더욱 신뢰할만한 것은 그의 출신 배경이 제사장 집안이었으며 그런데도 그는 율법에 정통한 바리새인이었고 경건한 삶을 최고의 가치로 여기는 에세네파의 수련과정을 이수한 사람입니다. 요세푸스의 유대전쟁사를 읽으면서 감탄한 것은 몇천 명, 몇백 명이 아닌 몇십 명 혹은 몇 명의 죽음에 대해서도 기록하고 있으며 그 죽음의 배경을 빠짐없이 설명하고 있다는 것입니다. 그런데 놀랍게도 베뢰아 측이 어떤 기록에서 봤다는 로마군단의 전사에 대해서는 단 한 줄의 언급도 없다는 것입니다.

(5) 베뢰아 측은 어떤 책의 출처를 밝혀야 한다

베뢰아 측은 로마군 수천 명이 기원전 60년경에 팔레스타인 지역에서 전투 중에 죽었다는 것이며, 기원전 160년경부터 서기 2세기에 걸친 전쟁내용을 소상히 정리하여 기록한 요세푸스의 유대전쟁사에

는 로마 군대의 죽음에 관한 기록이 없다는 것입니다. 이 부분을 어떻게 정리함이 옳은가를 생각할 때 고민할 수밖에 없었고 결국은 학문 연구의 일반적 원칙을 적용하여 정리함이 옳다는 결론을 내리게 되었습니다. 학문적 자료는 반드시 증거가 있어야 하며 그 증거는 객관적으로 신뢰할만한 신빙성이 있어야 한다는 것입니다.

플라비우스 요세푸스의 유대전쟁사를 믿을 수 없다고 말하는 사람은 한 사람도 없습니다. 누구도 어떤 유명한 학자도 요세푸스의 유대전쟁사를 신뢰할 수 없다고 말하지 않습니다. 그러므로 요세푸스의 유대전쟁사를 사실로 받아들입니다. 이는 요세푸스의 유대전쟁사에 베뢰아 측이 주장하는 기원전 60년경 팔레스타인 지방에서의 로마군 전사는 요세푸스의 유대전쟁사에 그 기록이 없으므로 사실과 다른 것이며 그러한 사건은 없었다고 하는 것입니다.

다만, 거라사 지방의 전투에 대해서는 유대전쟁사 1권 4장(BC104-78년) 사이의 전쟁 기록이 알렉산더의 거라사 전투 이야기가 있으나 무혈 정복했다고 합니다(104-105절).

5. 불특정 다수에 대한 공개적인 거짓말

그러면 베뢰아 측은 왜 없는 사실을 기록하여 사실처럼 책에 적었는가 하는 것입니다. 이 불신자의 사후 영이 귀신이라는 사실을 증명시키는데 군대 귀신의 설명이 필요했고 군대 귀신을 설명하는데 로마 군대의 수천 명이 기원전 60년경의 전사가 필요했고 이렇게 머릿속에서 정리하다 보니 사실은 없는 것을 있는 것처럼 소설을 쓰게 된 것이며 사실과 다른 내용을 사실처럼 주장하고 주입해서 불신자의 사후 영이 귀신이라는 주장을 합리화시키려 했다고 결론을 지을 수밖에 없습니다. 이것은 베뢰아 측의 대단히 잘못된 주장으로서 거짓말을 만들어 공개적으로 불특정 다수에게 한다는 것은 하나님 앞에 큰 죄를 범한 것으로 그 이론을 믿고 그것을 사실인 것처럼 받아들였던 수많은 사람에게도 무릎 꿇고 사죄해야 마땅합니다.

다른 영적인 세계에 관한 주장이야 귀신이 하는 말을 중심으로 성경을 귀신의 말에 맞게 해석하여 옳다고 주장하면 사람들은 혼란에 빠질 수밖에 없고 과연 누구의 말이 맞느냐에 대해서는 확인하기가 쉽지 않을 것입니다. 그러나 역사가 개입된 사건이 등장하면 그것의 시비를 가리는 것은 그렇게 어렵지 않습니다. 그것은 역사는 기록으로 남아 있는 것이며 특별히 천 단위가 넘는 군인의 죽음을 역사는 결코 누락시킬 수가 없기 때문입니다. 사실이 이러함에도 그 사건의 기록 자체가 없다 하면 그 사건은 기록에서 빠진 것이 아니요, 당초에 없는 사건이라는 것입니다.

따라서 베뢰아 측의 군대 귀신에 관한 주장은 사실과 다른 것이며 없는 사실을 상상하여 자기들 주장을 합리화시키기에 좋도록 사실처럼 결론을 내려놓은 것입니다. 따라서 베뢰아 측의 군대 귀신에 관한 주장은 역사에 없는 사실과 다른 날조된 것이며 베뢰아 측은 다른 이들을 속이고 자신들을 거짓말쟁이 만든 이 공개적인 거짓말을 철회해야 할 것입니다. 만일에 저의 주장이 잘못이라면 베뢰아 측은 주전 60년경의 어떤 기록에 대한 증거를 제시해야 할 것입니다.

제**3**장

제사와 귀신

베뢰아 측은 고린도전서 10장 20-21절의 말씀과 시편 106편 8절의 말씀을 들어서 불신자의 사후 영이 귀신이라고 주장합니다. 이들의 주장에 대한 진위를 살피기 위해서 먼저 성경 구절을 보기로 합니다. 고전 10:20~21절에 무릇 이방인이 제사하는 것은 귀신에게 하는 것이요 하나님께 제사하는 것이 아니니 나는 너희가 귀신과 교제하는 자가 되기를 원하지 아니하노라. 너희가 주의 잔과 귀신의 잔을 겸하여 마시지 못하고 주의 식탁과 귀신의 식탁에 겸하여 참여하지 못하리라. 시 106:28~29절에는 그들이 또 브올의 바알과 연합하여 죽은 자에게 제사한 음식을 먹어서 그 행위로 주를 격노하게 함으로써 재앙이 그들 중에 크게 유행하였도다.

1. 성경해석의 기준을 어디에 둘 것인가?

이 부분을 해석하면서 유의할 것은 성경을 어느 관점에서 볼 것이냐 하는 성경을 보는 기준을 정해야 합니다. 하나님이 하나님의 형상과 모양대로 사람을 만드시고 그 코에 생기를 불어넣어서 생영이 되게 하신 후에 하나님은 그 사람의 인격인 영에게 말씀하시는 것을 볼수 있습니다. 하나님이 죄 없는 사람을 만드시고 죄 없는 사람에게 하나님의 사랑으로 줄 수 있는 최고의 환경 기쁨의 동산을 만드시고 그기쁨의 동산에서 만족스럽게 살 수 있는 환경을 주셨습니다. 에덴동산은 하나님의 은혜가 충만하였고 기쁨이 넘쳐났으며 근심하거나 걱정할 일이 없었고, 해함도 없고 상함도 없는 곳이었습니다. 농사를 짓지 않아도 먹을 과일이 풍성했으며 모든 짐승은 아담에게 복종하였고 옷을 입지 않고 벌거벗어도 해함도 없고 상함도 없었습니다. 에덴동산은 사람이 살아가는데 전혀 문제가 없는 최적의 환경 지상낙원이었습니다. 옷을 입지 않고 방에 들어가지 않아도 냉난방시설을 하지 않아도 아무 문제가 없는 어떠한 해충도 없는 최고의 환경이었습니다.

하나님은 이 환경을 계속 누리며 행복한 삶의 비결을 알려주셨으니 악을 알지 말고 선만을 알라는 것입니다. 이는 하나님 외에 또 다른 신이 있는데 이 신은 하늘에서 하나님을 대적하다가 세상으로 쫓겨난 신이며 이 신이 너에게 도전해 올 때 속지 말고 받아들이지 말라는 것입니다. 그것은 선악과를 먹지 말라는 것입니다. 선악과는 영혼이 살고 죽는 것을 결정하는 열매이며 육신의 죽음과 관계없습니다. 그러므로 성경해석의 기준을 영혼에 둬야 합니다.

기독교와 영의 세계

2. 선악과의 의미

선악과는 아담이 하나님이 주신 행복을 계속 유지하고 누릴 수 있는 계명이며 이 계명을 지킬 때 문제는 없고 기쁨과 행복은 계속 유지가 될 것이나 만일에 먹으면 반드시 죽는다고 하는 것입니다. 하나님의 행복을 누리기 위해서는 하나님만 알고 악을 알면 안 된다는 것이며 악을 알게 되면 죽게 된다고 하는 것입니다. 하나님께서 사람에게 맨 처음 사용하신 죽음에 대한 단어는 육신에 관한 것이 아니요, 영혼에 관한 것입니다.

하나님이 "선악을 알게 하는 나무의 열매는 먹지 말라 먹는 날에는 정녕 죽으리라" 하실 때 죽는다는 것은 영혼의 죽음을 말하는 것입니다. 그러나 뱀이 와서 하와의 "죽을까 하노라 하였느니라" 라는 말을 듣고 "결코 죽지 아니하리라"라고 한 말은 육신에 대하여 한 말입니다.

이에 대하여 분별이 부족한 사람들은 선악과 먹으니 죽었느냐 죽지 않고 살아 있지 않았냐고 말합니다. 그러나 이는 하나님이 하신 말씀과는 전혀 다른 시각에서 생각하고 해석하는 것으로서 이처럼 하게 되면 하나님의 뜻을 바로 알 수 없고 상대적으로 마귀에게 속하게 되며 하나님과는 원수가 될 수 있는 문제가 생기는 것입니다.

3. '정녕 죽으리라'의 의미 – 산 영이 죽은 영이 된다

하나님이 말씀하신 '정녕 죽으리라'라는 말씀의 의미는 무엇일까요? 이는 산 영이신 생명의 신 하나님이 주신 영이 산 영입니다. 하나님과 직접 교통할 수 있는 최고의 영인데 그 영이 죽은 영의 말을 듣고 죽은 영에게 순종하면 죽은 영의 종이 되고 이와 함께 죽은 영이 된다고 하는 것입니다. 그러면 마귀는 어떻게 죽은 영이 되었을까요? 하늘에서 하나님이 창조하셔서 하나님과 같은 산 영이던 천사장이 하나님께 반란을 일으켜 하늘 보좌를 빼앗을 계획을 세운 그 순간에 하나님을 섬기던 산 영이 하나님과 반대되는 죽은 영으로 바뀌게 된 것입니다.

이는 곧 사단은 죽은 영이며 마귀도 죽은 영이요 마귀에 속한 졸개들도 죽은 영이요 이 마귀에게 속아서 범죄 하게 되면 산 영이 곧 죽은 영이 된다고 하는 것입니다. 이는 성경이 증명하는 사실입니다. 하나님의 아들 예수님이 세상에 오셔서 온 세상 죄를 대신 지고 죽으심은 죄로 인하여 죽은 영을 살리기 위해서임을 성경은 말하고 있습니다. 그러므로 성경은 마귀를 사망의 신이라 하고 마귀에 속한 자를 죽은 자라고 하는 것입니다. 이에 대하여 성경은 말하기를" 진 자는 이긴 자의 종이 되고"(벧후 2:19), "속임을 당한 자는 속임을 베푼 자의 종"(롬 6:16)이 된다고 말하는 것입니다.

4. 산 영이 사망의 신에게 속아서 죽은 영이 됨

정리된 내용을 보건데 하나님이 아담에게 정녕 죽으리라 하심은

기독교와 영의 세계

그 영의 죽음을 의미하는 것이며 영이 죽게 된 까닭은 생명의 신이신 하나님을 거역하며 사망의 신인 뱀(마귀)의 말을 들으므로 말미암아서 영이 사망의 신에게 속하게 되고 그 결과로 영은 죽게 된다는 것입니다. 이처럼 하나님이 사용하신 죽음에 대한 용어는 영을 중심으로 사용된 것이며 사람의 육신을 중심으로 한 것이 아니라는 것입니다.

예수님이 하신 말씀을 보면 요한복음 5장 24-25절에 "내가 진실로 진실로 너희에게 이르노니 내 말을 듣고 또 나 보내신 이를 믿는 자는 영생을 얻었고 심판에 이르지 아니하나니 사망에서 생명으로 옮겼느니라. 진실로 진실로 너희에게 이르노니 죽은 자들이 하나님의 아들의 음성을 들을 때가 오나니 곧 이 때라 듣는 자는 살아나리라" 라고 하신 것을 볼 수 있습니다. 이는 죄로 인하여 죽은 영들이 예수의 음성을 들으면 죽은 영이 살아난다는 것이며 이는 곧 죽은 영에 속해 있는 사람들이 예수를 믿으면 생명의 신에 속하게 된다는 것입니다.

마태복음 8장 21-22절을 보면 제자 중 하나가 "주여 나로 먼저 가서 내 아버지를 장사하게 허락하옵소서" 라고 하니 예수님이 말씀하시기를 "죽은 자들이 그들의 죽은 자들을 장사하게 하고 너는 나를 따르라" 라고 하는 것을 볼 수 있습니다. '죽은 자가 죽은 자를 장사지낸다'라는 말은 세상 신 마귀에게 속한 사람들은 다 죽은 자들이며 이는 죽은 마귀에게 속해 있기 때문이라는 것입니다.

5. 이방인의 제사는 귀신에게 하는 것 – 귀신은 죽은 영이다

본문으로 돌아가 "무릇 이방인이 제사하는 것은 귀신에게 하는 것이요 하나님께 제사하는 것이 아니니 나는 너희가 귀신과 교제하는 자가 되기를 원하지 아니하노라. 너희가 주의 잔과 귀신의 잔을 겸하여 마시지 못하고 주의 식탁과 귀신의 식탁에 겸하여 참여하지 못하리라"(고전 10:20-21)라고 하신 말씀을 생각해봐야 합니다. 이 말씀은 바울 사도가 전도해서 세웠던 고린도 교인들에게 하신 말씀으로서 당시 고린도 사람들은 여러 가지 종류의 신들을 섬기고 그 신들에게 제사하였습니다. 대표적인 신들을 보면 제우스신, 여신 아데미, 해신 포세이돈, 메두사, 헤라클레스, 크로소스, 올림포스 외에 100여 종 이상의 신들이 있으며 이름 없는 신도 섬기며 제사 지내는 것을 볼 수가 있습니다. 그러므로 사도행전 17장 22-23절을 보면 "아덴 사람들아 너희를 보니 범사에 종교심이 많도다. 내가 두루 다니며 너희가 위하는 것들을 보다가 알지 못하는 신에게라고 새긴 단도 보았으니 그런즉 너희가 알지 못하고 위하는 그것을 내가 너희에게 알게 하리라"

6. 사도바울 때에는 고린도 지방에 죽은 사람에게 제사하는 의식이 없었다

그러므로 바울 사도는 고린도 교인들에게 그리스 지방에 널리 퍼져 있는 여러 종류의 신들을 섬기고 제사를 하면서 또 하나님을 섬기는 것은 안 되는 것이니 그러므로 세상 신에게 제사하지 말고 하나님께만 예배를 드리라고 말씀하고 있는 것입니다. 그러므로 여기에서 말하는 귀신은 고린도 사람들이 섬기고 있던 우상을 비롯한 여러 종류의 신들을 말하는 것이지 사람이 죽어서 귀신이 되었다고 하는 말은 아니라는 것입니다. 왜냐하면, 그들에게는 죽은 사람에게 제사하는 의식 자체가 없었기 때문입니다.

7. 죽은 사람에게 제사하는 의식은 서기 1200년경부터 시작됨

동양의 제사 제도에는 천신에게 혹은 지신이나 용왕 신에게 제사지내는 의식은 있었으나 조상에게 제사 지내는 의식은 서기 1200년경 송나라의 주희(주자)에 의해서 시작되었고, 우리나라는 1300년경 주자학이 들어왔으나 조상에 대한 제사 제도는 환영을 받지 못하고 지내던 중 태조 이성계의 조선건국 후 1400년경 2대 정종 때에 이르러 민심을 수습하기 위해서 조상을 섬기는 예를 국민에게 가르친다는 왕의 정책에 따라서 시행되기 시작했으므로 동서양을 막론하고 세계 어느 지역에도 죽은 사람에게 제사 지내는 예는 없었고 우리나라에도 1400년경 정종 때부터 비로소 시작되어 정착된 제도라는 것입니다.

8. 이방인의 제사는 죽은 사람이 아닌 죽은 영에게 하는 제사다

이와 같은 역사적 사실을 근거로 볼 때 고린도전서 10장 20절의 이 방인의 제사는 죽은 사람에게 드리는 제사를 의미하는 것이 아니요, 당시 사람들이 섬기던 우상 신에 대한 제사라는 것을 알 수가 있습니 다. 베뢰아 측은 시편 106편 28절의 "죽은 자에게 제사한 음식을 먹 어"를 예로 들고 있는데 이는 너무나 터무니없는 인용입니다. 시편은 기원전 15세기 모세로부터 시작하여 기원전 5세기경 에스라 느헤미 야 때까지 기록된 것으로 학자들은 말하고 있으며 시편 106편은 시편 제4권에 속하므로 기원전 5세기경에 기록된 것으로 볼 수 있습니다. 이미 정리된 바와 같이 죽은 사람에게 제사하는 의식은 세기 1200년 경 송나라 주희로부터 시작되어 정착되어 온 것이며 이때에도 서양에 는 죽은 사람에게 제사 지내는 의식 자체가 없었다는 것입니다. 시편 106편이 기록된 BC 5세기경의 이스라엘에 죽은 사람에게 제사 지내 는 풍습이 없었던 것은 명확한 사실입니다.

9. 죽은 자란 사망의 신 마귀와 그 졸개들을 말한다

그렇다면 시편 106편이 가리키는 죽은 자란 무슨 의미일까요? 죽 은 자란 죽은 신 곧 사망의 신을 의미합니다. 성경은 마귀를 사망의 신(히 2:14)이라고 말하고 이는 생명의 신인 하나님을 반역하므로 사망

기독교와 영의 세계

의 신이 된 것은 성경적으로 증명된 사실입니다. 성경은 죽은 자와 사망을 θανατος라고 같이 쓰고 있습니다. 이는 시편 106편 28절의 "죽은 자는 사람"은 죽은 것과는 상관이 없고, 죽은 신 마귀와 그에 속한 졸개들 타락한 천사들을 의미한다는 것입니다. 그런데 베뢰아 측은 '죽은 자에게 제사한 음식을 먹어'와 고린도전서 10장 20절을 연계지어서 죽은 자는 사람 죽은 것을 말하며, 이방인의 제사는 귀신에게 하는 제사요 죽은 사람에게 하는 제사라 이렇게 주장을 하는 것입니다. 이는 성경을 영적으로 해석하지 않고 육적으로 해석한 결과입니다.

10. 성경의 제사는 죽은 사람과 아무 관계가 없다

성경의 의미를 모르고 역사적 배경을 모르면 그 말이 꼭 맞는 것같이 생각할 수 있으나 역사적 배경을 고찰하고 성경의 내용을 고찰해 보면 성경의 제사와 귀신은 죽은 사람과 아무런 관계도 없으며 마귀와 그의 사자들에 관한 것임을 확실히 알 수 있습니다. 조선 시대에 태조 이성계가 반란을 일으켜 고려를 뒤엎고 충신들을 주살하고 국호를 고려에서 조선이라 하여 나라를 세웠으나 무력에 의하여 고려왕조를 무너뜨리고 새로운 왕조를 세웠지만, 권력으로 민심까지는 얻을 수 있는 것이 아니어서 민심의 이반으로 말미암아 고민하고 있을 때 이성계의 멘토역을 했던 무학대사가 조언하기를 '우리 민족은 효를 중시하고 어른 섬기는 일을 잘하니 제사 제도를 만들어 백성들로 따르게 하여 민심을 얻으라'라고 권면했습니다. 이성계는 이 말을 듣고 왕가로부터 그 일을 시작했으며 대신들에게 따르게 했으나 제사 제도를 법제화하여 전체 백성에게 반포하기는 2대 임금 정종 때에 비로소 이루어진 일이며, 따라서 서기 1400년경부터 우리나라의 제사 제도가 백성들 가운데 효의 한 방법으로 시작되었다고 볼 것입니다.

그런데 바울 사도에 의하여 서기 55년경에 쓰인 고린도전서 이방인의 제사가 오늘날 1400년 이후에 시작되어 민간 풍습으로 정착된 죽은 조상에 대한 제사라고 주장하는 것은 말이 되지를 않는 것입니다.

11. 불신자의 사후 영이 귀신이라는 주장의 잘못된 점

베뢰아 측은 불신자의 사후 영이 귀신이라고 하는 주장 가운데 두 가지 잘못을 범하고 있습니다. 첫 번째는 성경에 대한 해석으로서 죽은 자에 대한 이해와 해석을 영적으로 해석하여 사망의 신 마귀가 생명의 신인 하나님께 반역하여 죽은 신이 되었으며 그 죽은 신을 따르는 수많은 신에 대한 기록으로 해석하고 이해해야 할 것을 사람의 육신이 죽은 것에 맞추므로 말미암아서 육적인 해석을 하여 하나님이 본래 기록한 말씀의 의미와 다른 해석을 하고 그러므로 성경을 잘못 해석 이해했다는 것입니다. 다음으로 성경에 기록될 당시의 문화적 배경을 전혀 고려하지 않으므로 말미암아서 그 성경이 기록될 1세기에는 죽은 사람에게 제사 지내는 의식 자체가 없었고 그 후 1000년 이상의

기독교와 영의 세계

세월이 흐른 1200년경에 송나라의 주자에 의해서 중국에서 시작하여 그 후 200여 년 뒤인 1400년경에 정치적 목적으로 조선왕조에 의하여 비롯된 죽은 자에 대한 제사의식을 그때에도 죽은 사람에게 제사하는 의식이 있었던 것처럼 인용하는 것은 잘못된 것입니다. 시편의 기록은 기원전 5세기경이니 죽은 사람의 제사 제도가 시작되기 1800여 년 전전에 기록된 하나님의 말씀을 그때부터 죽은 사람의 제사 제도가 있었던 것처럼 해석하고 주장하는 것은 근본적으로 잘못된 것입니다.

제4장
자연수명 120년과 무저갱과 귀신

1. 자연수명 120년과 귀신

창세기 6장 1-3절을 보면 "사람이 땅 위에 번성하기 시작할 때에 그들에게서 딸들이 나니 하나님의 아들들이 사람의 딸들의 아름다움을 보고 자기들이 좋아하는 모든 여자를 아내로 삼는지라. 여호와께서 이르시되 나의 영이 영원히 사람과 함께 하지 아니하리니 이는 그들이 육신이 됨이라 그러나 그들의 날은 백이십 년이 되리라" 라고 기록된 말씀을 볼 수가 있습니다. 그런데 베뢰아 측은 이 말씀을 근거로 하여 사람이 120년을 다 살지 못하고 죽으면 나머지 세월을 음부에서 떠돌며 살다가 무저갱에 들어가게 되고 무저갱에 들어가기 전에 돌아다니는 세월을 귀신이라고 합니다. 그러나 이것은 베뢰아 측이 사람이 죽어서 귀신이 된다고 하는 것을 합리화시키기 위해서 주장하는 말일뿐 성경 어디에도 근거가 없습니다.

먼저 창세기 5장의 내용을 보면 아담의 자손들이 살다가 세상을 떠난 그들의 수명이 기록되어 있는데 그 내용을 보면 "아담은 백삼십 세에 자기의 모양 곧 자기의 형상과 같은 아들을 낳아 이름을 셋이라 하였고 아담은 셋을 낳은 후 팔백 년을 지내며 자녀들을 낳았으며 그는 구백삼십 세를 살고 죽었더라"(창 5:3-5). "셋은 백오 세에 에노스를 낳고 에노스를 낳은 후 팔백칠 년을 지내며 자녀들을 낳았으며 그는 구백십이 세를 살고 죽었더라"(창 5:6-8). "에녹은 육십오 세에 므두셀라를 낳고 므두셀라를 낳은 후 삼백 년을 하나님과 동행하며 자녀들을 낳았으며 그는 삼백육십오 세를 살았더라. 에녹이 하나님과 동행하더니 하나님이 그를 데려가시므로 세상에 있지 아니하였더라"(창 5:21-24). "므두셀라는 백팔십칠 세에 라멕을 낳고 라멕을 낳은 후 칠백팔십이 년을 지내며 자녀를 낳았으며 그는 구백육십구 세를 살고 죽었더라"(창 5:25-27).

이 기록된 말씀들을 볼 때 사람이 범죄하여 영이 사망의 신에 속하면 죽은 영이 되려니와 죄를 짓기 전에는 선이시며 생명이신 하나님만 알고 살았으나 뱀에게 속아서 범죄하므로 말미암아 악도 알게 되어 하나님의 기쁨에서 떠나 고통의 삶을 살게 되었는데 그런 고통 중에도 잘못을 깨달아 어찌하든지 하나님께 순종하며 하나님 뜻대로만 살려고 하는 자들은 하나님이 용서하시고 그들에게 은혜를 베푸셨다고 볼 수 있습니다.

(1) 범죄 한 후에도 하나님 뜻대로 살려고 하면 900년 넘게 살았다

그 이유로는 그들의 수명이 900년을 넘게 살았으며 에녹은 하나님

과 동행하다가 하나님이 하늘나라로 데려간 것을 볼 수 있고 에녹의 아들 므두셀라는 969세까지 산 것으로 봐서 그들이 죄를 지었다고 하더라도 그들이 전심으로 하나님께 순종하면 그들을 자녀와 같이 인정해 주시고 하늘로 데려가시기도 했다고 볼 수가 있는 것입니다.

(2) 수명이 120년으로 단축된 것은 하나님을 아주 떠났기 때문이다

그런데 문제는 하나님을 아주 떠나서 세상 신을 섬기며 영이 죽은 상태에서 죽은 영 사망의 신 마귀의 가르침을 따라서 그것이 옳고 좋다고 여기고 육체의 욕구를 따라 죄악의 낙을 즐기며 하나님을 떠나서 사는 사람들이 있었고 이들에게서 예쁜 딸들이 나니 하나님을 열심히 섬기는 중에 낳은 아들자식들이 하나님을 모르고 육체 중심으로 살았던 사람 딸들의 미모에 정신이 팔려서 그들을 아내로 삼으니 그들과 같이 마귀를 섬기고 죄에 깊이 빠지게 되므로 하나님께서 그들의 수명을 120년으로 축소하셨다는 것입니다.

이는 남자들이 사람의 딸들과 결혼하기 전에는 자기의 아버지가 900년이 넘게 사는 것을 봤는데 사람의 딸들과 결혼하여 하나님을 떠나서 사람의 딸들과 함께 사망의 신 마귀를 섬기고 살면 수명이 120년으로 짧아지게 됨을 사람의 딸들과 결혼한 사람들에게 알려주고 계시는 내용의 말씀인 것입니다.

(3) 120년을 못 살고 죽으면 남은 기간 귀신이 된다는 것은 거짓 주장이다

그런데 베뢰아 측은 여기에다 무저갱을 연결해서 120년 살 사람들이 80년을 살면 40년이 남았는데 40년 동안을 귀신으로 음부에 돌아다니다가 기간이 차면 무저갱으로 가게 된다고 주장을 하고 있는데 이는 베뢰아 측이 그 머릿속에서 만들어 내놓은 소설이지 하나님의 말씀과는 아무 관계가 없는 것입니다.

2. 무저갱

(1) 무저갱에 대해 잘못된 이해를 하고 있다

이에 대해서 베뢰아 측은 "무저갱으로 들어가라 하지 마시기를 간구하더니"(눅 8:31). "하나님의 아들이여 우리가 당신과 무슨 상관이 있나이까 때가 이르기 전에 우리를 괴롭게 하려고 여기 오셨나이까 하더니"(마 8:29) 라는 말씀을 예로 들어서 '귀신들이 무저갱으로 보내지 말라고 사정하지 않느냐?' 또한 '때가 이르기 전에 괴롭게 하려고 오셨나이까 하지 않느냐?'라고. 이때는 아직 무저갱에 들어갈 때가 남아 있다는 말이라는 식으로 해석을 합니다.

(2) 무저갱에 들어갈 때는 천년왕국이 시작되기 전이다

그러나 여기서 말하는 때는 무저갱에 들어갈 때를 말하는 것이며 무저갱 들어갈 때란 땅에 환란이 끝나고 아마겟돈 전쟁이 끝나고 마귀가 전쟁에 패하여 하나님이 천사를 보내서 마귀와 그의 사자들을 무저갱에 집어넣을 때를 말하는 것입니다(계 20:1-3). 성경에 무저갱에 대한 말씀을 보면 "다섯째 천사가 나팔을 불매 내가 보니 하늘에서 땅에 떨어진 별 하나가 있는데 그가 무저갱의 열쇠를 받았더라. 그가 무저갱을 여니 그 구멍에서 큰 화덕의 연기 같은 연기가 올라오매 해와 공기가 그 구멍의 연기로 말미암아 어두워지며 또 황충이 연기 가운데로부터 땅 위에 나오매 그들이 땅에 있는 전갈의 권세와 같은 권세를 받았더라. 그들에게 이르시되 땅의 풀이나 푸른 것이나 각종 수목은 해하지 말고 오직 이마에 하나님의 인침을 받지 아니한 사람들만 해하라 하시더라"(계 9:1-4). 이는 요한계시록에 무저갱에 대하여 기록한 하나님의 말씀으로 요한계시록은 요한이 밧모섬에 유배되어 하늘이 열리고 요한의 눈에 환상이 보이며 예수님이 들려주신 말씀을 기록한 내용입니다.

(3) 계시록은 예수님의 계시하신 것으로 확실하다

계시록의 요점 부분을 보면 "예수 그리스도의 계시라 이는 하나님이 그에게 주사 반드시 속히 될 일을 그 종들에게 보이시려고 그 천사를 그 종 요한에게 보내어 지시하신 것이라 요한은 하나님의 말씀과 예수 그리스도의 증거 곧 자기의 본 것을 다 증거 하였느니라. 이 예언의 말씀을 읽는 자와 듣는 자들과 그 가운데 기록한 것을 지키는 자들이 복이 있나니 때가 가까움이라"(계 1:1-3)라고 시작함으로 요한계시록의 모든 내용이 예수님의 계시이며 예수님이 가르치고 보여주신 것임을 분명히 하여 내용의 확실성을 알리고 계십니다.

요한은 자기가 계시를 받게 된 상황을 보다 구체적으로 기록하고

기독교와 영의 세계

있습니다. "나 요한은 너희 형제요 예수의 환난과 나라와 참음에 동참하는 자라 하나님의 말씀과 예수를 증언하였음으로 말미암아 밧모라 하는 섬에 있었더니 주의 날에 내가 성령에 감동되어 내 뒤에서 나는 나팔 소리 같은 큰 음성을 들으니 이르되 네가 보는 것을 두루마리에 써서 에베소, 서머나, 버가모, 두아디라, 사데, 빌라델비아, 라오디게아 등 일곱 교회에 보내라 하시기로 몸을 돌이켜 나에게 말한 음성을 알아보려고 돌이킬 때에 일곱 금 촛대를 보았는데 촛대 사이에 인자 같은 이가 발에 끌리는 옷을 입고 가슴에 금띠를 띠고 그의 머리와 털의 희기가 흰 양털 같고 눈 같으며 그의 눈은 불꽃 같고 그의 발은 풀무불에 단련한 빛난 주석 같고 그의 음성은 많은 물소리와 같으며 그의 오른손에 일곱 별이 있고 그의 입에서 좌우에 날선 검이 나오고 그 얼굴은 해가 힘있게 비치는 것 같더라"(계 1:9-16).

(4) 사망과 음부의 열쇠를 가지신 예수님

"내가 볼 때에 그의 발 앞에 엎드러져 죽은 자 같이 되매 그가 오른손을 내게 얹고 이르시되 두려워하지 말라 나는 처음이요 마지막이니 곧 살아 있는 자라 내가 전에 죽었었노라 볼지어다 이제 세세토록 살아 있어 사망과 음부의 열쇠를 가졌노니 그러므로 네가 본 것과 지금 있는 일과 장차 될 일을 기록하라. 네가 본 것은 내 오른손의 일곱 별의 비밀과 또 일곱 금 촛대라 일곱 별은 일곱 교회의 사자요 일곱 촛대는 일곱 교회니라"(계 1:17-20). 이와 같은 계시록 1장의 기록으로 보아 계시록의 모든 사건은 사망과 음부의 열쇠를 가지신 부활하여 영생하신 예수님이 장차 될 일을 하나님과 함께 요한에게 계시로 보여주신 것이며 요한이 보고 들은 대로 기록한 내용임을 볼 수가 있습니다.

(5) 지상교회를 진단하시는 예수님

계시록 2장과 3장에서는 일곱 교회의 잘한 점과 잘못한 점을 지적하여 말씀하고 계시며 이는 지상교회의 진단서와 같은 것입니다. 4장의 내용을 보면 요한의 영이 성령에 감동하여 하늘 보좌를 보고 보좌에 앉으신 하나님을 보며 하늘에 있는 보석들과 하나님을 둘러선 24 장로들의 모습을 보고 하나님의 일곱 영을 보고 24 장로들이 하나님께 경배하는 모습을 보여주고 있습니다. 5장은 보좌에 앉으신 이의 손에 책이 있고 일곱 인으로 인봉하여 있는 것을 부활하신 예수님이 책을 받아서 인을 떼시려 하는 내용이며, 6장을 보면 일곱 인 중에서 여섯 인 까지를 떼시는데 하나님께서 징조와 이적을 보이시고 땅에 큰 환란이 임하여 땅의 사람들이 살기 어려운 상황에 이르게 됨을 보여주십니다.

(6) 이스라엘 백성을 환란에서 구하기 위해 144,000명을 인 치시는 천사들

7장의 내용은 큰 환란이 임하기 전에 하나님이 천사를 보내어 환란을 면할 수 있도록 이스라엘 12지파에 144,000명 1 지파에 12,000명씩 인을 쳐서 인 맞은 자들은 해하지 못하게 하시므로 말미암아서 이스라엘 백성은 환란을 면케 하실 하나님의 계획을 보여주시고, 8장을 보면 일곱 번째 인을 떼시니 일곱 천사가 일곱 나팔을 받고 이들이 향로의 불을 땅에 쏟으며 뇌성과 번개와 지진이 나며 하나님의 진노가

기독교와 영의 세계

시작되고 천사들이 나팔을 불 때마다 땅에 재앙이 임하는데 네 번째 천사의 나팔 소리와 재앙이 기록되어 있습니다. 그리고 9장에서 무저 갱이 나오고, 11장에서도 무저갱이 나옵니다.

(7) 무저갱에서 연기가 나오고 황충이 나온다

그러나 무저갱에 관한 내용을 보면 "다섯째 천사가 나팔을 불매 내가 보니 하늘에서 땅에 떨어진 별 하나가 있는데 그가 무저갱의 열쇠를 받았더라. 그가 무저갱을 여니 그 구멍에서 큰 화덕의 연기 같은 연기가 올라오매 해와 공기가 그 구멍의 연기로 말미암아 어두워지며 또 황충이 연기 가운데로부터 땅 위에 나오매 그들이 땅에 있는 전갈의 권세와 같은 권세를 받았더라"(계 9:1-3) 라고 기록되어 있습니다. 정리해보면 무저갱의 열쇠를 여니 그 구멍에서 큰 풀무의 연기 같은 연기가 올라오고 해와 공기가 그 구멍의 연기로 인하여 어두워지며 황충이 연기 가운데로부터 땅 위에 나오며 저희가 땅에 있는 전갈의 권세와 같은 권세를 받았다는 것입니다. 이 내용을 보면 무저갱에는 풀무의 연기 같은 연기가 있고, 그 속에 황충이 있으며, 열어놓으면 이것들이 올라와서 세상을 어둡게 하고 전갈의 권세로 사람들을 죽일수 있다는 것입니다. 여기 어디에도 귀신에 대해서나 불신자의 사후영에 대해서는 일체의 언급이 없습니다.

3. 귀신과 무저갱에 관한 잘못된 인식

그러므로 귀신과 무저갱을 연관 지어 생각하는 것은 불신자의 사후 영이 귀신이라는 것을 전제로 한 가상 이야기일 뿐이지 성경에는 전혀 그 근거가 없는 것입니다. 성경에 없는 내용을 자기의 머릿속에서 만들어 성경인 것처럼 정리하여 주장하는 것은 그리스도인이 할 일이 아닙니다. 그리스도인 특히 주의 종은 언제나 기록된 하나님의 말씀을 초월해서는 안 되는 것입니다.

또 계시록 11장 7-8절을 보면 "그들이 그 증언을 마칠 때에 무저갱으로부터 올라오는 짐승이 그들과 더불어 전쟁을 일으켜 그들을 이기고 그들을 죽일 터인즉 그들의 시체가 큰 성 길에 있으리니 그 성은 영적으로 하면 소돔이라고도 하고 애굽이라고도 하니 곧 그들의 주께서 십자가에 못 박히신 곳이라"(계 11:7-8). 이는 무저갱에서 짐승이 올라와 전쟁을 일으켜 많은 사람을 죽일 것이라는 내용입니다.

이처럼 계시록 9장 1-2절의 말씀을 보면 무저갱은 열쇠가 있고 열쇠를 열면 무저갱의 구멍에서 풀무에서 나오는 것과 같은 연기가 나와서 해와 공기를 어둡게 하고 황충이 올라와서 전갈의 권세와 같은 권세를 가지고 짐승이 올라와서 많은 사람을 죽여 시체가 큰 성의 길에 쌓일 것이라는 내용입니다. 귀신론은 신학이 아닙니다. 신학은 사람의 생각으로 성경을 바꾸는 것이 아니요, 하나님을 바로 알아서 하나님을 성경대로 잘 섬기게 하는 데 목적이 있는 것입니다. 자기의 주장으로 성경의 본질을 왜곡하는 것은 사탄의 주장입니다.

(1) 불신자의 사후 영이 귀신이라는 주장은 비성경적이다

그러므로 인간의 자연수명이 120년인데 120년 안에 죽은 사람들은 귀신이 되어 세상에 떠돌다가 120년이 차면 무저갱에 들어간다는 것은 불신자의 사후 영이 귀신이라는 것을 주장하기 위하여 베뢰아 측이 만든 가설일 뿐이지 성경적 근거는 어디에도 없습니다.

그러므로 이러한 비성경적 주장은 철회해야 하며 성경이 아닌 것을 성경인 양 한 것은 거짓에 해당하기 때문에 죄를 짓는 것이며 회개할 일입니다. 회개하지 않으면 죄인은 천국에 갈 수 없으니 지옥에 갈 것입니다.

(2) 무저갱은 열쇠가 있고 마귀와 그 사자들을 가두는 곳이다.

무저갱에 대해서 한 번 더 보겠습니다. 계시록 20장 1-3절에는 무저갱에 대하여 다음과 같이 기록되어 있습니다. "또 내가 보매 천사가 무저갱의 열쇠와 큰 쇠사슬을 그의 손에 가지고 하늘로부터 내려와서 용을 잡으니 곧 옛 뱀이요 마귀요 사탄이라 잡아서 천 년 동안 결박하여 무저갱에 던져 넣어 잠그고 그 위에 인봉하여 천 년이 차도록 다시는 만국을 미혹하지 못하게 하였는데 그 후에는 반드시 잠깐 놓이리라"(계 20:1-3). 목숨 걸고 말씀에 순종하여 충성스러운 믿음으로 살던 그리스도인들은 예수님 공중 재림하실 때 들림 받아 하늘에 올라가고 이 땅에는 인본주의 신앙으로 세상과 짝하며 믿음 생활하던 이들이 들림 받아 올라가지 못하고 환란을 당하게 됩니다. 마귀가 세상 임금이 되어 세상을 지배하고 짐승의 인을 받을 것을 요구하며 거절하는 자들은 다 죽입니다. 믿음 생활 열심히 잘할 것을 잘못했다고 회개해도 때는 늦었습니다.

(3) 마귀가 세상을 지배하고 이스라엘 백성만 남는다

세상 권력은 마귀의 손에 넘어가고 마귀는 하늘로 들림 받지 못한 인본주의 그리스도인들에게 양자택일을 요구합니다. 예수를 부인하고 마귀를 섬기겠노라고 하면 666인을 쳐서 살길을 보장해 주겠지만 거절하면 죽여 없애겠다는 것입니다. 믿음 생활 바로 하지 못해 들림 받지 못했지만 때늦은 후회를 하면서 마귀의 종 되는 것을 거부한 사람들은 모두가 다 마귀에 속한 자들에 의해서 무참한 죽임을 당하게 됩니다.

그러나 죽음이 두려워서 예수를 부인하는 사람들은 일시적으로 생명을 유지하지만, 영원히 망하게 됩니다. 그때 상황으로는 마귀가 영원히 승리할 것 같지만 마귀의 승리는 하나님의 사람들 믿음을 시험하는 일시적인 것이요 반드시 망하게 되는 것입니다. 하나님의 심판을 받고 다 지옥에 갑니다.

(4) 하나님이 이스라엘 백성을 환란에서 구하기 위하여 144,000인을 치게 하신다

그러나 이러한 혼란 속에서도 하나님은 자기 약속을 지키십니다. 자기 백성 이스라엘의 열두 지파를 기억하시고 이들에게는 특별히 천사를 파송하여 인을 치게 하고 144,000명에 인칠 때까지 재앙 내리는 것을 정지시키시며(계 7:3), 인침이 끝나면 이스라엘 백성은 이들에 의해서

기독교와 영의 세계

보호받으며 환란을 면케 하시는 것입니다. 이스라엘 백성은 하나님이 약속하신 약속의 땅 가나안으로 모여 144,000명의 보호 아래 있고 나머지 사람들은 모두가 다 마귀의 지배하에 들어가게 되는 것입니다.

(5) 짐승이 말을 하고 우상이 이적을 일으킨다

짐승이 말을 하고 우상이 이적을 일으키는데 어떤 믿음으로 이들을 당해낼 수 있겠습니까? 그런데도 천국 소망이 확실한 사람들은 영생을 위하여 죽음을 택하고 영생의 소망이 불확실한 사람들은 짐승의 인을 받고 우선 목숨을 부지하는 것입니다. 이렇게 해서 온 세상을 지배한 마귀는 이제 마지막으로 이스라엘 백성을 쳐부수기 위해서 티그리스강과 유프라테스강을 건너서 이스라엘을 쳐들어갑니다. 이때는 강물도 말라 없어진다고 했습니다(계 16:12).

(6) 므깃도 평야에서 아마겟돈 전쟁이 벌어진다

이렇게 마귀가 온 세상을 지배하기 위하여 그리스도인들의 씨를 말리고 이스라엘로 쳐들어갈 때 므깃도 평야에서 인류 최후의 전쟁이 벌어지는데 이 전쟁을 아마겟돈 전쟁이라고 합니다. 아마겟돈이라는 말은 므깃도의 히브리식 표현입니다. 인류 최후의 전쟁은 온 세상의 마귀 군대와 이스라엘 민족과의 전쟁이며 이 전쟁의 승자는 누가 봐도 마귀의 승리라고 생각할 것입니다. 그러나 하나님이 천사를 보내서 마귀의 군대를 진멸하시고 왕들의 살과 장군들의 살과 군사들의 살을 새들이 먹게 하시는 것입니다(계 19:17-18).

(7) 마귀는 전쟁에서 패하고 천사에 의하여 천 년 동안 무저갱에 갇힌다

이러므로 온 세상을 지배하고 영원히 지상의 왕권을 누릴 것 같던 마귀의 권세는 무너지고 하나님이 보낸 천사에 의해서 온 세상을 미혹하고 지배하던 용의 세력 마귀와 그의 사자들을 잡아서 무저갱에 1천 년 동안 가두어 버리는 것이며, 사단 마귀와 그의 하속들이 무저갱에 갇히니 이 세상에는 천년왕국의 평화와 행복이 시작되는 것입니다(계 20:2-3).

4. 무저갱과 천년왕국 – 새 하늘과 새 땅

귀신이 말하는 '때가 이르기 전에'의 때는 이때를 말합니다. 전쟁이 끝나면 마귀와 그에 속했던 사람들은 다 죽게 되고 144,000에 의하여 보호받던 아브라함의 후손 이스라엘 백성들은 남게 됩니다. 마귀와 그 졸개들인 타락한 천사 귀신들은 다 무저갱에 갇히게 됩니다. 이로써 귀신이 마귀의 졸개인 타락한 천사들이라는 것이 성경적으로 증명됩니다. 마귀를 무저갱에 가둔 후 세상에 귀신의 활동이 없으므로 귀신들이 마귀와 함께 무저갱에 갇힌 것을 알 수 있습니다. 귀신이 없으므로 천 년 동안 병들고 죽는 것이 없습니다(계 20:2-3).

(1) 예수님의 지상 재림과 천년왕국이 시작된다

이때 예수님이 지상 재림하며 세상을 통치하고 순교적 믿음으로 예수를 믿어서 들림 받았던 이들이 예수님과 같이 내려와 예수님의

기독교와 영의 세계

통치 아래 왕 같은 지위를 누리며 주님을 섬기고 주님 일 때문에 순교했던 이들이 이때 모두 부활하여 천 년 동안 왕 같은 삶을 살면서(계 20:4) 천 년 동안 병들지도 않고 죽지도 않은 이스라엘 백성들에게 주 예수의 구원 복음을 전하여 영원한 천국으로 이사 갈 때를 대비한 신앙훈련을 왕 같은 권위로 시키는 것입니다(계 20:4-6).

(2) 천년이 차면 마귀와 그의 사자들이 무저갱에서 나와 미혹한다

그 까닭은 천년이 차면 반드시 무저갱이 들어갔던 마귀와 그의 사자(귀신)들을 하나님께서 잠깐 해방할 때에 무저갱에서 나와 천 년 동안 아픈 것도 병드는 것도 고통스러운 것도 없이 행복했던 이스라엘 백성들에게 예수를 부인하고 육체의 쾌락을 추구하는 삶을 사는 것이 좋다고 마귀와 귀신들이 유혹합니다. 이때 순교적 믿음으로 왕이 된 첫째 부활한 자들의 가르침대로 믿음을 지키고 귀신의 유혹을 물리친 자들만 영원한 천국에 들어갈 수 있습니다.

(3) 마귀의 시험을 이긴 자들이 천국으로 가고 마귀와 그의 사자들에게 속은 자들은 지옥으로 간다

이후 천년이 지난 뒤 마귀의 유혹을 물리치고 믿음을 지킨 이들은 모두가 다 새 하늘의 새 땅 영원한 아버지 집으로 옮겨질 것이며 하늘은 큰 소리로 떠나가고 땅은 체질이 불에 녹아지듯 없어질 것이며 마귀와 그에 속한 사자들과 죄의 유혹을 받은 자들은 영원한 지옥 불에 들어가게 될 것입니다(벧후 3:10-13).

⑷ 무저갱은 마귀와 그의 세력들을 천 년 동안 가두는 곳이다

여기에서 무저갱이란 마귀와 그의 사자(귀신)들 용의 세력들을 잡아서 천 년 동안 가두어 두는 장소라는 것이며(계 20:1-3), 마귀와 그의 사자들이 무저갱에 갇히는 그 순간부터 세상에는 귀신의 활동이 정지되며, 따라서 아픈 것도 없고 병든 것도 없고 근심 걱정도 없고 시기 질투도 없고 죽는 것도 없고 싸울 일도 없는 지상낙원이 이루어지는 것입니다.

⑸ 120년 수명을 못 채우고 죽어 귀신이 된다면 아마겟돈 전투에서 죽은 이들이 귀신이 될 것이며 천년왕국은 없을 것이다

만일에 베뢰아 측의 주장처럼 120년 자연수명이 된 사람은 무저갱에 들어가고 자연수명이 남아 있는 사람은 귀신으로 남게 된다고 하면 아마겟돈 전투에서 패한 불신자들은 다 귀신이 되었을 터인데 120년을 살다가 죽었다고는 단정하기 어려울 것이며 전쟁에 나왔던 젊은 군인 귀신들이 얼마나 많겠냐는 것입니다. 그러나 전쟁이 끝나니 용과 마귀와 그의 사자들을 무저갱에 가두어 버리는 세상에는 귀신이 없고 사망이나 죽는 것이 없어지고 100세가 어린아이며 1000년 동안 번식이 계속되었습니다. 하나님이 아브라함에게 하신 약속이 완성된 것입니다.

5. 무저갱과 불신자 사후의 영

성경에 기록된 말씀을 그대로 믿는다면 베뢰아 측이 믿는 귀신론

기독교와 영의 세계

은 성경과 전혀 다른 것이며 불신자의 사후 영이 귀신이라고 하는 무속의 현상을 그대로 받아들여서 그것을 합리화시키려는 방법으로 성경을 임의 해석하여 호도한 것 외에 성경적으로 그 진실성을 증명할 수 있는 어떠한 내용도 찾아볼 수가 없습니다. 계시록 9장 1-3절에서도 무저갱과 사람의 죽은 영혼과의 관계를 찾아볼 수 없으며 계시록 11장 7-8절에서도 무저갱과 불신자의 사후 영과의 관계를 찾아볼 수 없으며 계시록 20장 1-3절의 말씀 중에서도 무저갱과 불신자의 사후 영과의 관계를 찾아볼 수가 없습니다. 그러므로 불신자의 사후 영이 120년 자연수명을 채우지 못하고 죽으면 귀신이 된다고 하는 주장은 전혀 성경에 근거가 없는 베뢰아 측의 주장으로서 마땅히 철회해야 할 비성경적 내용이며 무속적인 주장입니다.

(1) 불신자의 사후 영이 귀신이라는 주장은 성경을 육신 중심으로 해석한 결과이다.

이렇게 잘못된 주장이 나오게 된 것은 죽은 자에 대한 잘못된 인식에서 비롯된 것이며 성경을 육신 중심으로 하여 해석하지 않고 하나님이 본래 말씀하신 뜻을 따라서 영혼 중심으로 하여 해석하면 문제는 근본적으로 해결이 될 것입니다. 천년왕국에서 마귀가 무저갱에 갇힌 순간부터 병이 없어지고 시기 질투 미움 다툼이 없어지고 천 년 동안 죽음이 없는 지상낙원이 시작된다는 것은 불신자의 사후 영이 귀신이 아니라는 가장 성경적이며 확실한 증거가 될 수 있을 것입니다.

만일에 베뢰아 측의 주장처럼 120년 자연수명을 다 살지 못하고 죽은 사람이 귀신이 된다면 마지막 전쟁 아마겟돈 전투에서 죽은 모든 사람은 다 불신자들이니 이들이 다 귀신이 되었을 것이며 수많은 귀신이 들끓는 세상에 천년왕국은 없을 것입니다. 그러나 이들이 귀신이 되었다는 증거는 성경 어디에서도 찾아볼 수가 없습니다. 불신자의 사후 영이 귀신이 아니라 타락하고 반역한 천사와 그 하속들이 귀신의 무리라고 하면 분명한 답이 나오게 되는 것입니다. 이에 대해서 성경은 예수님의 말씀 중에 귀신은 사단이라는 것을 직접 언급하고 계신 것을 볼 수 있습니다.

제5장
사탄과 마귀와 귀신

1. 예수님과 귀신의 관계

예수님의 귀신 쫓고 병 고치는 내용에 대하여 바리새인들이 말하기를 "이가 귀신의 왕 바알세불을 힘입지 않고는 귀신을 쫓아내지 못하느니라"(마 12:24) 라고 비방할 때에 예수님이 말씀하시기를 "사탄이 사탄을 쫓아내면 스스로 분쟁하는 것이니 그리하고야 어떻게 그의 나라가 서겠느냐"(마 12:26) 라고 하시므로 사탄과 귀신을 같이 말씀하고 계시며, 누가복음 13장 11절 이하를 보면 "열여덟 해 동안이나 귀신 들려 앓으며 꼬부라져 조금도 펴지 못하는 한 여자가 있더라. 예수께서 보시고 불러 이르시되 여자여 네가 네 병에서 놓였다 하시고 안수하시니 여자가 곧 펴고 하나님께 영광을 돌리는지라. 회당장이 예수께서 안식일에 병 고치시는 것을 분 내어 무리에게 이르되 일할 날이 엿새가 있으니 그동안에 와서 고침을 받을 것이요 안식일에는 하지 말 것이니라 하거늘 주께서 대답하여 이르시되 외식하는 자들아 너희가 각각 안식일에 자기의 소나 나귀를 외양간에서 풀어내어 이끌고 가서 물을 먹이지 아니하느냐"(눅 13:11-15).

(1) 예수님은 사단과 귀신을 같은 존재로 말씀하셨다

"그러면 열여덟 해 동안 사탄에게 매인 바 된 이 아브라함의 딸을 안식일에 이 매임에서 푸는 것이 합당하지 아니하냐"(눅 13:16)라고 기록된 말씀을 볼 수가 있습니다. 정리하면 예수님이 안식일에 회당에서 가르치실 때 귀신들려 앓으며 꼬부라져 조금도 펴지 못하는 여자를 보고 귀신을 쫓아내서 병을 고쳐 허리를 펴게 해주시니 회당장이 보고 '안식일에 왜 병을 고치느냐 안식일이 아닌 다른 날에 병을 고치고 안식일에는 하지 말라' 라고 하니 예수님이 '너희가 안식일에 소나 나귀를 물을 먹이지 아니하느냐 라고 하시면서 열여덟 해 동안 사탄에게 매인 바 된 이 아브라함의 딸을 안식일에 이 매임에서 푸는 것이 합당하지 아니하냐' 라고 회당장에게 말씀하셨다는 것입니다. 여기서 중요한 것은 예수님이 귀신 들려서 꼬부라진 사람을 사탄에게 메인 것이라고 하시므로 귀신과 사단을 같이 표현하셨다는 것입니다.

기독교와 영의 세계

2. 귀신은 사단, 마귀, 타락한 천사

이 말씀은 예수님이 사단과 귀신을 같은 의미로 말씀하셨다는 것입니다. 예수님의 이 말씀에 의해서 보면 사단은 죽은 신이며 죽은 신은 죽은 자이며 죽은 자는 생명이신 하나님께 반대한 결과로 된 것이며 따라서 죽은 자의 졸개 되는 사단의 사자들 타락한 천사들을 사단과 같은 신분으로 예수님이 보고 말씀하신 것이며 따라서 죽은 자의 사자들 그 졸개들은 죽은 자와 같은 것이며 다른 표현으로 사단의 사자들은 사단과 같은 존재로 예수님이 보고 계신 것이며 귀신은 사단의 사자 사단의 졸개들로서 사단과 같이 보고 있는 것입니다.

(1) 마귀는 귀신이다

'마귀는 귀신이다' 이를 증명하는 또 다른 성경 말씀이 있습니다. "하나님이 나사렛 예수에게 성령과 능력을 기름 붓듯 하셨으매 그가 두루 다니시며 선한 일을 행하시고 마귀에게 눌린 모든 사람을 고치셨으니 이는 하나님이 함께 하셨음이라"(행 10:38)라고 하시고, 마귀에게 눌린 자에 대한 해석을 보면 마태복음 4장 24절과 누가복음 13장 16절을 인용하고 있습니다. 먼저 마태복음 4장 24절을 보면 "그의 소문이 온 수리아에 퍼진지라 사람들이 모든 앓는 자 곧 각종 병에 걸려서 고통당하는 자, 귀신 들린 자, 간질하는 자, 중풍병자들을 데려오니 그들을 고치시더라"(마 4:24) 라고 기록되었습니다.

(2) 사단은 귀신이다

누가복음 13장 16절은 이미 인용한 바와 같이 "그러면 열여덟 해 동안 사탄에게 매인 바 된 이 아브라함의 딸을 안식일에 이 매임에서 푸는 것이 합당하지 아니하냐"(눅 13:16) 라고 말씀하시므로 성경이 귀신 들린 사람의 귀신에 대하여 사탄에게 매인 것이요 마귀에게 눌린 것이라고 말씀하시므로 귀신과 사탄, 귀신과 마귀를 같이 사용하고 있으며 불신자의 사후 영이 귀신이 아니라 타락한 천사와 같은 사탄의 영, 마귀의 영이 귀신임을 성경이 확실히 증명해주고 있는 것입니다.

3. 무저갱은 마귀와 그 사자를 가두는 곳

정리해보면 무저갱은 베뢰아 사람들이 주장하는 불신자의 사후 영과는 아무 상관이 없으며 풀무의 연기 같은 것이 나오는 곳이며 황충이 나오는 곳이며 짐승이 나와서 많은 사람을 해치는 곳이며 아마겟돈 전쟁 후에 천사가 내려와서 마귀의 그의 사자들을 결박하여 가두는 곳이며 마귀와 사자들이 갇혀 있다가 잠깐 놓여서 곡과 마곡을 미혹하고 천 년 동안 순교자들에게 배우며 믿음을 다졌던 이스라엘 백성을 시험하기 위하여 다시 나오는 곳이라는 것입니다.

무저갱에 관한 어떠한 성경의 내용도 불신자와의 관계를 찾아볼수가 없습니다. 따라서 베뢰아 측 인간의 자연수명이 다하면 가는 곳이라는 주장은 비성경적인 개인의 체험을 합리화시키는 목적으로 꾸

기독교와 영의 세계

며진 성경과 다른 주장이며 불신자의 사후 영과 무저갱은 아무 상관이 없습니다. 따라서 베뢰아 측의 주장은 귀신의 가르침을 따르는 비성경적인 주장이고 이러한 거짓이 학문이 될 수 없고 학설이 될 수도 없습니다.

제6장
음부와 무저갱

1. 거짓말로 속이는 세상

요즘 세상은 눈에 보이는 것도 믿기 어려운 세상입니다. 다단계라는 영업망이 조직되어 사람들을 끌어모으고 거기 있으면 곧 큰돈을 쉽게 벌 수 있는 사람이 되는 것처럼 유혹합니다. 그러나 실제로는 돈을 바치고 고생을 호되게 하고 얻은 것 없이 허탈한 마음으로 돈만 잃고 헛수고만 하고 그만둬야 하는 곳입니다. 다단계의 피해에 대해서 신문과 방송에서 그 피해와 문제점을 대대적으로 보도하여 가서는 안되는 곳으로 홍보와 계몽을 합니다. 이는 선량한 자들의 피해를 예방하기 위한 선의적 노력입니다. 그러함에도 불구하고 다단계 회사는 계속 늘어나고 피해자는 많아지며 피해 규모는 커지고 있는 것은 참으로 이해하기 어려운 기현상이라고 생각이 됩니다. 눈에 뻔히 드러나는 일도 속아서 피해를 보고 있는데 영적인 세계에 들어가면 보고 느낄 수 있는 실증적 증거방법이 부족하여서 그 내용의 진위를 가려 낸다는 것은 어려운 일입니다.

2. 음부와 무저갱을 구별하는 기준

그러므로 음부와 무저갱과의 관계를 규명하면서 그 기준은 성경에 기록된 하나님의 말씀을 중심으로 한다는 절대 원칙이 지켜져야 합니다. 말씀을 기준으로 하지 않고 개인의 체험 특정인의 체험에 기준을 둔 다면 이 부분에 대한 시비는 끝이 없을 것입니다. 세상에 수많은 종교가 있습니다. 모든 종교의 공통점은 교주가 있다는 것입니다. 모든 교주는 사람으로서 그 사람이 체험한 특별한 내용을 정리하고 논리적으로 전개 하여 그 내용에 절대가치를 부여하고 그것을 신조, 혹은 교리, 혹은 경 이라고 합니다. 그러나 그들의 주장에 대해서 안 믿는 사람이 비판을 가 할 수 있습니다. 다른 각도에서 보면 그것은 틀린 내용일 수 있기 때문 입니다. 그러나 그것을 믿음으로 받아들이는 사람에게는 그것이 절대가 치의 진리로 마음속에 정리가 되는 것입니다. 영적인 세계를 볼 때 가장 중요한 것은 보이지 않은 영적인 세계에 대한 근본적인 이해입니다. 기 독교가 세상 종교와 다른 것은 기독교는 살아 계신 하나님에 의하여 만 들어졌으며, 세상 종교는 세상 신 마귀에 의해서 만들어진 것입니다.

따라서 세상 종교는 사람이 마귀에게 배워서 만든 거짓말이기 때문에 비판을 가할 수 있으나 기독교는 하나님이 사람의 모습으로 오셔서 확증하신 내용이므로 그대로 믿어야 하고 본질을 훼손하는 것은 용서받을 수 없는 죄가 됩니다. 그러므로 음부와 무저갱은 기록된 말씀에 의해서만 구별돼야 하고 사람의 체험을 기준 하는 것은 마귀에게 속아서 죄짓는 원인이 됩니다.

제**2**부

보이지
않는
영의 세계

제7장
나의 수도 생활

1. 수도 생활 이력

필자는 우상숭배 하는 가정에서 태어났습니다. 어릴 때부터 점치고 굿하고 푸닥거리하는 것을 수없이 봐왔습니다. 기억에 무당의 얼굴을 안 보고 한 달을 보냈던 기억이 별로 없는 것 같습니다. 살다가 병이 들었고 병의 원인을 알 수가 없었으며 절망 속에 괴로워하는데 많은 사람이 절에 들어가서 수양을 하라고 했습니다. 세상에 아무런 대책이 없었기 때문에 가까운 절에 들어가서 수양을 하는데 절에 중이 술 먹고 점쟁이들과 노는 것을 보고 실망한 나머지 해인사로 갔습니다.

⑴ 해인사에 가서 수도 생활을 하다
그렇게 시작한 수도 생활은 4년여의 세월을 보내게 되었고 4년 동안 불교에서 말하는 해탈과 성불 열반의 경지에 들어가기 위해서 그렇게 될 수 있다는 확신과 함께 상상을 초월한 고행을 했습니다. 그곳에서 당대의 고승들을 만나 대화할 수 있었고 그분들은 한국 불교계의 거목에 해당하는 분들입니다. 조계종 총무원장을 지내고 대구 동화사에 70억짜리 대불을 세운 서의현 스님을 은사로, 사미십계와 비구계를 받고 윤고암 종정 스님, 이청담 종정 스님을 친견할 수 있었고 당시 생불이라고 소문난 이성철 스님의 해인총림 선원에서 참선 공부를 했습니다.

(2) 성철스님께 참선 공부를 하다

해인사 방장으로 계시던 성철스님의 지도를 받으며 참선 공부를 했고, 성철스님의 타계와 함께 이어서 방장이 되셨던 키가 작은 혜암 스님은 당시에 선방의 유나로 계셨습니다. 제가 있을 당시에 해인사의 주지 스님은 지월 스님이었고, 행자승 때는 동국대 총장을 지내고 조계종 총무원장을 지낸 지금은 타계하신 이지관 스님에게 경전을 공부하기도 했습니다. 당시에는 절간의 가르침이 좋았고 꼭 그대로 될 것 같았습니다.

(3) 성불의 꿈을 가지고 고행을 하다

그러므로 저는 불교의 도리를 깨우쳐서 성불하는데 모든 것을 걸고 할 수 있는 최고의 고행을 반복했습니다. 왜냐하면, 도를 닦아도 전생에 죄가 많은 사람은 도통이 어렵다 하고, 죄업을 소멸시키기 위

기독교와 영의 세계

해서는 고행을 해야 한다고 해서 저는 전생에 지은 죄가 얼마나 큰지 모르는 상태에서 죄업을 소멸하기 위한 고행의 필요성을 느끼고 선택적으로 고행을 한 것입니다.

2. 죄를 없애기 위한 고행

⑴ 손가락을 자르다

먼저 몸을 살라서 일체 제신에게 공양드리라는 말에 의해서 손가락을 단지하여 불 속에 집어넣었고 추운 겨울에 캄캄한 밤 중 물속에 들어가서 얼어 죽지 않을 만큼 견디고 나오는 고행을 하기를 반복했습니다. 이 모든 노력은 고행을 통해서 죄업을 소멸하기 위한 순수한 노력이었습니다. 예수 믿고 구원받은 뒤에야 예수 믿고 회개하여 죄사함 받은 놀라운 은혜를 경험하고 불교 교리의 허구성과 어리석음을 알고 하나님의 은혜와 사랑을 깨닫게 되었습니다.

⑵ 겨울철 밤중에 얼음물에 들어가고, 불 안 땐 방에서 살다

나중에는 너무 몸이 허약해져서 물속에 들어갈 수 없게 되자 겨울이면 일부러 불 안 땐 방에서 지내기도 했습니다. 성철스님이 법문을 하는 중에 도를 통하는데, 제일 방해가 되는 것이 잠이라고 하면서 잠마귀를 이기면 도를 속히 이룰 수 있다고 했습니다.

(3) 14일간 잠을 안 자고 도를 이루려고 하다

저는 그 말을 그대로 믿고 잠을 안 자기 시작했습니다. 잠을 안 자는 것은 잠자는 것과는 비교할 수 없을 만큼 힘이 듭니다. 잠을 안 자기 위해서는 눈에 힘을 줘서 눈을 감지 않도록 해야 하고 밤에 자리에 누우면 안 됩니다. 다른 사람들 잠잘 때 눈에다 힘을 주고 날이 새도록 바위에 앉아 있어야 합니다. 그렇게 14일을 보냈는데 14일째 되는 날 느낌이 이상했습니다. 얼굴이 무거워지고 눈이 떠지질 않았습니다. 느낌이 이상해서 거울을 봤더니 얼굴이 얻어맞으면 얼굴이 멍들고 부어오르는 것처럼 시퍼렇게 부어 있었고 얼굴이 부으므로 눈은 저절로 감겨 버리고 마는 것이었습니다. 나는 생각하기를 방장스님이 잠을 안 자야 도가 트인다고 해서 그대로 14일간 잠을 자지 않고 견뎠는데 도는 안 터지고 눈이 감겨 버리니 어찌 된 영문인지 알 수가 없어서 뚱뚱 부은 얼굴로 성철스님의 비서 승려에게 면담을 요청했습니다.

(4) 생불이라는 성철스님 말 "가 자빠져 자라"

이유를 물어서 사실대로 말했더니 들어오라고 했습니다. 생전 처음으로 부은 얼굴을 가지고 잘 보이지도 않는데 당시 한국 최고의 고승이요 생불이라고 추앙받는 성철스님의 방으로 들어갔습니다. 절을 올리고 앉으니 그분의 첫 번째 질문이 제가 말을 하기도 전에 던져졌습니다. 하시는 말씀이 "와 왔노!!" 하는 것이었습니다. 저는 대답하기를 "스님의 법문을 듣고 도통을 위해서 잠을 안 자기 시작했고 오늘 14일째 되는 날인데 도는 안 튀고 얼굴이 이렇게 부어서 이제 어찌해

기독교와 영의 세계

야 하는지 답을 얻으려고 왔습니다."라고 했습니다. 제가 대답을 하기
가 바쁘게 성철스님 하시는 말씀은 "가 자빠져 자라!!"하는 것이었습
니다. 당시 저는 더는 할 말이 없었습니다. 가 자빠져 자라고 하니 더
따질 수도 없어서 절하고 나와서 에라 모르겠다! 잠이나 자자하고 대
낮에 방에 누워서 잠이 들었습니다. 저의 그러한 행동은 모든 중이 보
고 알고 있는 터라 일어나서 밥 먹으라고 깨우는 사람도 없었습니다.

3. 고행의 결과로 죽게 되다

이후에도 저는 도를 이루기 위한 목표를 포기하지 않고 고행을 계
속하는 중에 4년여의 세월이 흐른 어느 날 도가 터지는 것이 아니라
죽을 것 같은 생각이 들었습니다.

(1) 열심히 고행하는 저에게 해인사 주지인 지월 스님 왈 도 닦다가 죽은
   이야기만

그 당시 주지승이었던 지월 스님은 저를 만날 때마다 꼭 말씀하셨
습니다. 아무개 수좌는 도를 닦다가 어느 계곡에서 죽고, 아무개 수좌
는 도 닦다가 어느 암자에서 죽고 이분이 계속하시는 말씀은 '도 튀려
하다가 죽었다.'라는 것이지 도통하고 부처가 되었다는 말은 한마디
도 없었습니다. 절에 들어갈 때는 세상에 대하여 병든 몸으로 아무것
도 이룰 수 없다는 절망감에 죽고 싶어서 방황하던 중 현실 도피의 방

법으로 절간을 택하게 되었고 절에서 성불하여 부처가 된다는 새로운 목표를 갖게 되었는데 그것도 포기할 수밖에 없는 절망 상태에 놓이게 되니 살고 싶은 마음이 든다는 것은 지금 생각해도 잘 이해가 되지 않습니다.

세상이 싫어서 죽고 싶은 마음으로 선택한 절이니 이제 거기서 죽으면 될 것인데 죽음에 대한 두려움과 함께 살고 싶은 생각이 든다는 것입니다. 몸이 너무 허약해져서 조계사에서 총무원장으로 조계종 행정 수반을 하고 계시는 은사 스님에게 가서 약값을 좀 받아 와야겠다고 생각했습니다.

(2) 죽게 된 몸으로 성불을 포기하고 귀향을 하다

해인사에서 대구까지 나왔는데 대구에서 생각이 바뀌는 것이었습니다. 몸이 아프니 약값 좀 주시라고 말하기가 참으로 어렵다는 생각이 들었습니다. 도와주는 것은 좋은 일이거니와 내가 도움을 청한다는 것이 마음이 내키지 않았습니다. 궁리 끝에 집으로 가자고 마음을 바꾸었습니다. 이렇게 해서 저의 수도 생활 4년은 종지부를 찍고 막을 내리게 된 것입니다. 제가 뜬금없이 목사로 있으면서 전에 우상 숭배하던 말을 꺼내는 것은 제가 그만큼 마귀의 세계에 깊숙한 곳까지 들어갔다가 나온 사람이라는 것입니다. 이후 저는 모든 것에 대한 불신으로 가득했습니다. 그렇게 철석같이 믿었던 불교의 진리라는 것이 해보니까 안 되는 것입니다. 절에서 나온 저는 중심을 잃고 방황할 수밖에 없었고 그렇지만 이제 포기할 수 없는 삶이니 최선을 다해보자

기독교와 영의 세계

는 새로운 마음으로 정처 없는 도전을 했으나 늘 쓰러지고 넘어지며 좌절하고 방황하다가 제가 살게 된 것은 예수님을 만난 이후입니다.

제8장
하나님과 만남

신기하고 놀라우신 사랑의 주님!

불교에서는 그렇게 믿고 하라는 대로 다 해도 아무것도 되는 것이 없었는데 예수 믿는다고 전도자를 따라서 교회를 다닌 후에도 그렇게 믿어지지 않던 주님이 너무나 힘들고 어렵고 지치고 쓰러져 절망한 나머지 '저 좀 살려주시면 아버지 일하겠으니 살려주세요.'라고 한 단 한 번의 기도를 들으시고 그 밤에 저를 고쳐주신 하나님을 만난 뒤에 저의 모든 삶은 하나님에 대한 믿음으로 충만해지기 시작했습니다.

1. 약속을 지키시는 하나님

세상 신은 거짓말뿐이지만 하나님은 진실하시고 하나님은 약속하신 대로 믿기만 하면 약속을 꼭 지키신다는 것입니다. 하나님과 세상 신의 다른 점입니다. 세상 신은 거짓말하지만, 하나님은 거짓말하지 않습니다. 세상 신은 약속을 지키지 않지만, 하나님은 약속을 꼭 지키십니다. 하나님은 약속을 바꾸지 않고 변명하지 않습니다. 하나님의 약속은 완전하며 영원합니다.

2. 신앙의 기준은 하나님의 말씀

그러므로 예수를 믿고 하나님을 만난 이후 가장 중요한 신앙의 기준은 말씀을 하나님이 말씀하신 대로 믿고 자기가 옳다고 생각하는 대로 해석하지 않은 것입니다. 무슨 해석을 해도 그 해석의 내용이 성경의 뒷받침이 없으면 다른 말씀으로 증명되지 않으면 그 해석은 잘못된 것이며 잘못된 해석은 하나님과 상관이 없고 마귀를 하나님의 거룩한 사역에 끌어들여서 하나님의 복음을 변질시킬 수 있는 문제가 있는 것입니다.

3. 성경으로 성경을 해석

그러므로 성경해석에서 가장 중요한 것은 그 해석의 내용이 성경의 다른 말씀과 상통해야 하고 증명되어야 한다는 것입니다. 가장 문제가 되는 것은 하나님의 말씀으로 하나님의 말씀을 부정하는 것입니다. 하나님의 모든 말씀은 모순되지 않고 일치합니다. 하나님의 모든 말씀 중에 공통으로 나타난 것은 하나님의 사랑이며 하나님의 사랑은 거짓이 없고 이중성이 없으며 진실하고 그 의미가 분명하고 상통하는 것입니다. 수많은 사람이 하나님의 말씀을 인용하면서 하나님의 말씀을 부정합니다.

4. 이단들의 성경해석

예수 이래로 지상에 등장한 수많은 이단의 공통점은 하나님의 말씀을 인용하고 자기들이 가장 잘 믿는 것처럼 주장하면서 실은 하나님의 뜻을 부정하고 자기주장을 합리화시키는 것입니다. 유감스러운 것은 베뢰아 측의 주장에 이러한 요소들이 보인다는 것입니다. 음부가 무저갱입니까? 성경 어디에 음부가 무저갱이라고 나와 있습니까? 120년이 자연수명이고 120세 이전에 죽으면 무저갱에 들어가지 않고 귀신으로 남아 있다가 120년이 차면 무저갱으로 들어갑니까? 성경 어디에 그렇게 된다고 나와 있습니까? 성경을 시나리오로 써서 자기주장에 맞게 해석하면 그것이 맞는 것입니까? 지금까지 이단들이 그렇게 해왔고 지금도 그렇게 하고 있지 않습니까? 박태선이 천부교가 그렇고, 죤 럿셀의 여호와의 증인이 그렇고, 안상홍 하나님의 교회가 그렇고, 권신찬 구원파가 그렇고, 이만희 신천지가, 문선명 통일교가 그

기독교와 영의 세계

렇지 않습니까? 그 사람들의 주장을 그대로 받아들이면 꼭 맞습니다. 그들은 성경을 인용합니다. 그러나 그들의 주장은 성경의 다른 내용과 상통하지 않습니다. 하나님의 말씀과 다른 해석이요 주장입니다. 불신자의 사후 영이 귀신입니까? 어디에 불신자의 사후 영이 귀신이라고 나와 있습니까? 성경의 원어는 무저갱을 $\acute{\alpha}\beta\mu\sigma\sigma\sigma\varsigma$라고 합니다. 음부를 $\acute{\alpha}\delta\eta\varsigma$라고 합니다. 지옥은 $\lambda\acute{\varepsilon}\varepsilon\nu\alpha$라고 하고 세상은 $\alpha\acute{\iota}\acute{\omega}\nu$이라고 합니다. 성경은 어디에도 세상을 음부라고 말하지 않습니다.

제9장
음부에 대한 고찰

　한결같은 공통점은 음부나 지옥은 죽은 자가 가는 곳이며 돌아올 수 없는 곳으로 기록하고 있다는 것입니다. 창세기 37장 35절을 보면 피 묻은 요셉의 옷을 가지고 와서 요셉이 짐승에게 찢겨서 죽었다고 하는 자식들의 말을 듣고 "그의 모든 자녀가 위로하되 그가 그 위로를 받지 아니하여 이르되 내가 슬퍼하며 스올로 내려가 아들에게로 가리라 하고 그의 아버지가 그를 위하여 울었더라" 라고 기록하고 있으며 이는 야곱이 요셉의 죽음 소식을 듣고 그도 죽어서 음부에 있는 요셉에게로 가겠다고 말하는 내용입니다.

　창세기 42장 38절은 요셉이 곡식을 구하러 온 그의 형들에게 베냐민을 데리고 오지 않으면 곡식을 주지 않겠다고 하므로 곡식이 떨어져 다시 애굽으로 가야 할 형편에 처하니 아비 야곱에게 베냐민과 같이 갈 것을 요구하니

야곱이 말하기를 "슬피 음부로 내려가게 함이 되리라"

야곱이 말하기를 "야곱이 이르되 내 아들은 너희와 함께 내려가지 못하리니 그의 형은 죽고 그만 남았음이라 만일 너희가 가는 길에서 재난이 그에게 미치면 너희가 내 흰 머리를 슬퍼하며 스올로 내려가게 함이 되리라"(창 42:38) 라고 말하고 있습니다. 이는 요셉과 베냐민이 야곱이 사랑하는 라헬의 소생인데 요셉은 죽고 베냐민만 남았는데 베냐민마저 죽게 되면 자기는 죽을 것이라는 말을 음부에 내려가게 된다고 말하고 있는 것입니다.

욥이 말하기를 "음부로 내려간 자는 다시 올라오지 못하리니"

욥기 7장 9-10절의 말씀을 보면 욥은 자기의 죽음에 대하여 "구름이 사라져 없어짐 같이 스올로 내려가는 자는 다시 올라오지 못할 것이오니 그는 다시 자기 집으로 돌아가지 못하겠고 자기 처소도 다시 그를 알지 못하리이다" 라고 말하고 있습니다. 이는 욥이 악창이 나고 살 소망이 없어지며 자기가 죽으면 음부로 내려갈 것과 내려가면 다시는 사람 사는 세상에 올라올 수 없음을 말하고 있으며 자기 집으로 돌아갈 수도 없고 자기 처소도 다시는 자기를 볼 일이 없음을 말하고 있습니다.

히스기야가 말하기를 "음부에 들어가면 세상 거민 중 한 사람도 만나지 못하리라"

또한, 이사야 38장 9절 이하의 말씀을 보면 히스기야가 병들어 죽게 되었다가 그의 간절한 기도를 하나님이 들으시고 살게 되어 하나님께 드린 감사의 글을 보면 "유다 왕 히스기야가 병들었다가 그의 병이 나은 때에 기록한 글이 이러하니라. 내가 말하기를 나의 중년에 스올의 문에 들어가고 나의 여생을 빼앗기게 되리라 하였도다. 내가 또 말하기를 내가 다시는 여호와를 뵈옵지 못하리니 산 자의 땅에서 다시는 여호와를 뵈옵지 못하겠고 내가 세상의 거민 중에서 한 사람도 다시는 보지 못하리라 하였도다"(사 38:9-11).

히스기야 왕이 중년에 죽게 되어 자기가 죽어서 당하게 될 사정과 형편을 말하고 있는 내용입니다. 이는 그가 죽으면 음부에 내려갈 것과 음부에서는 하나님을 뵐 수 없는 것과 또한 세상 사람을 한 사람도 다시는 볼 수 없음을 분명히 하고 있습니다. 베뢰아 측의 주장에 따르면 히스기야가 중년에 죽게 되었으니 자연수명을 다 누리지 못하고 그가 음부에 내려간다고 했으니 베뢰아 측의 주장에 따르면 음부는 세상이니 자연수명을 누리지 못한 히스기야가 그 수명이 찰 때까지는 음부에서 귀신으로 있다가 수명이 차면 무저갱으로 들어간다고 했으니 귀신이 되어 세상 음부에 다니면서 사람들 속에 들어가서 자기가 앓던 병을 주고 해야 맞는 것입니다.

그러나 히스기야는 세상사는 사람을 한 사람도 다시는 만날 수 없다고 말하고 있는 것을 볼 수 있습니다. 분명한 사실은 베뢰아 측의 주장이 성경과 맞지 않는다는 것이며 그러므로 이것은 비성경적이요 진실이 아니라고 하는 것입니다. 성경은 귀신이 사람 속에 들어가고 있기 때문입니다.

1. 음부는 무저갱인가?

따라서 누가복음 16장 23절의 부자가 들어간 음부는 무저갱이 아니고 음부이며 음부와 무저갱은 별개의 장소이고 부자가 음부에서 나올 수 없어 아브라함에게 부탁하는 것은 음부는 세상이 아니고 죽은 사람이 가서 심판 때까지 갇히게 되는 특별한 장소이기 때문입니다. 음부가 사람이 죽으면 가게 되는 특별한 장소이며 그곳에서 산자의 세상으로 움직일 수 없다는 것은 이미 성경 말씀 창세기 37장 35절, 창세기 42장 38절, 욥기 7장 9절, 이사야 38장 10절 이하의 말씀으로 증명된 바 있고 누가복음 16장 23절 이하의 말씀은 이미 증명된 성경 말씀의 연장선에 있는 것이지 특별히 새로운 내용이 아닙니다.

(1) 예수님이 음부의 열쇠를 가지고 계신다

음부가 특별한 장소라는 것은 계시록 1장 17절 이하의 말씀을 보면 "두려워하지 말라 나는 처음이요 마지막이니 곧 살아 있는 자라 내가 전에 죽었었노라 볼지어다 이제 세세토록 살아 있어 사망과 음부의 열쇠를 가졌노니"라고 말씀하신 것을 보면 부활하신 예수님이 음부의 열쇠를 가지고 있다고 하시므로 음부가 특별한 장소인 것을 알 수 있습니다.

(2) 심판이 끝나면 음부도 불 못에 던져집니다

계시록 20장 13-14절의 말씀을 보면 천년왕국이 끝나고 예수님이 백 보좌 심판을 하실 때 "바다가 그 가운데에서 죽은 자들을 내주고 또 사망과 음부도 그 가운데에서 죽은 자들을 내주매 각 사람이 자기의 행위대로 심판을 받고 사망과 음부도 불못에 던져지니 이것은 둘째 사망 곧 불못이라. 누구든지 생명책에 기록되지 못한 자는 불못에 던져지더라"(계 20:13-15)라고 말씀하고 있습니다. 이로 보건데 음부는 특별한 장소이며 죽은 자가 들어가는 곳이고 가면 돌아올 수 없는 곳이고 그곳은 특별한 장소로서 예수님이 열쇠를 가지고 계시고 백 보좌 심판 때는 음부에 갇혔던 영혼들이 다 심판을 받고 음부도 영원한 지옥 불 못에 같이 던져지게 된다는 것입니다. 이러한 내용으로 봤을 때 음부가 이 세상이라든가 음부가 무저갱이라는 증거는 성경 어디에서도 찾아볼 수 없습니다.

2. 음부의 권세에 관하여

베뢰아 측이 주장하는 단 한 가지 성경 구절은 예수님이 시몬 베드로의 "주는 그리스도시요 살아 계신 하나님의 아들이시니이다" 라는 고백 위에 "바요나 시몬아 네가 복이 있도다 이를 네게 알게 한 이는 혈육이 아니요 하늘에 계신 내 아버지시니라. 또 내가 네게 이르노니 너는 베드로라 내가 이 반석 위에 내 교회를 세우리니 음부의 권세가 이기지 못하리라"(마 16:16-18)라고 하신 말씀을 가지고 예수님이 세상에 교회를 세우시고 음부의 권세가 이기지 못하리라 하셨으니 '음부는 곧 세상이다' 라고 해석을 합니다.

여기서 유의해야 할 것은 '예수님이 세운 교회를 음부가 이기지 못하리라' 라고 했으면 그러한 해석이 가능할 법도 합니다. 그러나 예수님의 말씀은 음부의 권세가 교회를 이기지 못한다고 하신 것입니다. 음부의 권세는 무엇이겠습니까? 이는 곧 마귀의 권세를 말합니다. 음부가 무슨 권세가 있습니까? 음부는 죽은 자의 영을 가두는 특별한 장소일 뿐 그 자체는 아무 능력이 없습니다.

그러면 어떤 사람들이 음부에 가게 되는 것입니까? 음부에 가게 되는 사람들은 마귀의 거짓에 속아서 하나님께 불순종하고 거역하고 배반한 자들이 가게 되는 것입니다. 그러므로 음부라는 장소가 따로 있는데 그 장소는 하나님께 불순종하고 마귀의 종노릇한 자들을 가두어두기 위한 장소이며 그러므로 이 장소에 가게 되는 것은 모두가 마귀로 말미암은 것이며 그러므로 마귀에게 사람이 죄짓고 죽어서 음부에 가게 하는 권세가 있다는 것입니다.

(1) 음부의 권세는 마귀의 권세를 말한다

그러므로 하나님을 대적한 세상 신 마귀의 권세를 다른 말로 음부의 권세 혹은 사망 권세라고도 하는 것입니다. 그런데 이것을 베뢰아 측은 확대하여 해석하여 '음부의 권세가 이기지 못하리라' 하지 않았느냐? 그러므로 '교회가 세워진 세상이 음부다' 라고 되지 않은 억지 주장을 하는 것입니다.

　다른 예를 들어보면 세상에 사람들이 살고 있는데 사람 중에는 선한 사람도 있고 악한 사람도 있습니다. 법을 잘 지키고 사는 사람도 있고 남을 해치는 죄를 범하며 사는 사람도 있습니다. 이 사람들이 죄를 지으면 임시구치소에 보관해 두었다가 죄가 확정되면 교도소로 보냅니다. 죄를 지은 사람들을 보면 생활하던 중에 본의 아니게 실수로 범죄 한 사람이 있는가 하면 조직적으로 범죄 한 사람도 있습니다. 조직범죄에 가담한 사람들을 보면 그 두목의 지시에 따라서 움직입니다. 부하들을 명령으로 움직이는 사람을 두목 혹은 오야지 혹은 보스라고도 합니다. 죄를 짓다가 잡히면 형을 받고 교도소로 갑니다.

(2) 깡패 두목과 교도소와 세상은 다르다

　그런데 이 사람들이 죄짓고 다니는 세상을 교도소라고 하지 않습니다. 죄짓게 된 것은 두목의 명령에 따라서입니다. 두목이 죄를 지으라고 명령을 해서 이 사람은 두목의 명령 때문에 죄짓고 감옥에 가게 되었습니다. 교도소에 가게 된 것은 결국 두목의 명령 때문입니다. 두목의 명령을 수행하다가 교도소에 가게 되니 죄지으라고 명령한 그 두목을 교도소라고 하지 않습니다. 죄지으면 교도소에 갈 것을 알고 있습니다. 그런데도 죄지으라고 명령합니다. 부하는 두목의 명에 의하여 죄짓고 교도소에 가게 되었습니다. 교도소에 가게 된 것은 전적으로 두목의 명령 때문입니다.

　그러므로 두목의 명령 때문에 교도소에 가게 되었으니 두목이 교

　기독교와 영의 세계

도소이며 죄를 지은 세상이 교도소냐 하는 것입니다. 답이 나오지 않습니다. 마귀는 사람을 죄짓고 음부에 들어가게 하는 명령권을 가지고 있습니다. 마귀가 사람에게 죄짓고 음부에 들어가게 하는 이 권세 이것을 음부의 권세라고 하는 것입니다. 마귀가 음부에 가도록 죄를 짓게 하는 장소는 세상이요 죄를 짓는 자는 하나님을 섬기지 않은 사람이요 그 죄로 말미암아 가게 되는 곳은 음부라는 것입니다.

사실이 이러함에도 베뢰아 측이 계속해서 세상을 음부라고 주장하면 깡패 두목에 의해서 죄짓고 그 죄 때문에 재판받고 교도소 가게 됐는데 세상 사람들이 교도소에 대해서 말하기를 깡패 두목도 교도소고 두목이 명령해서 죄지은 세상도 교도소고, 재판받고 갇혀 있는 곳도 교도소라고 한다면 이런 혼란이 어디에 있겠습니까? 그런데 유감스럽게도 베뢰아 측은 이러한 주장을 계속해서 반복적으로 하면서 그것이 옳으니 믿으라고 하는 것입니다. 이 얼마나 기막힌 일입니까?

어떤 이론을 전개함에 있어서 언어에 대한 정의는 분명해야 합니다. 하나님은 무엇을 하시던지 적당히 하신 것이 없습니다. 하나하나를 정확하고 분명하게 하시며 사람이 확실하게 알 수 있도록 하십니다. 사람이 하나님이 분명하게 해 놓으신 것을 잘 알 수 없다고 한다면 그것은 사람이 이해할 수 있는 이해의 범주 밖에 있거나 아니면 자기 생각으로 정리하여 이해하려고 하기 때문일 것입니다.

(3) 잘못된 주장의 원인
영적인 세계를 이해할 때에 음부와 무저갱과 지옥과 세상에 대한 이해는 성경에 기록한 대로 분명하게 해야 할 것입니다. 마귀는 항상 모든 것에 대한 이해와 행위를 원칙대로 하는 것이 아니요 주어진 상황에 따라서 적당히 하라고 합니다. 그러므로 마귀가 가르치는 논리의 핵심은 너무 구별하지 말고 적당히 하며 따지지 말라는 것입니다. 그런데 교회에 이러한 마귀의 이론이 침투하여 많은 혼란이 일고 있습니다. 성경은 말하기를"하나님의 말씀은 살아 있고 활력이 있어 좌우에 날 선 어떤 검보다도 예리하여 혼과 영과 및 관절과 골수를 찔러 쪼개기까지 하며 또 마음의 생각과 뜻을 판단하나니 지으신 것이 하나도 그 앞에 나타나지 않음이 없고 우리의 결산을 받으실 이의 눈앞에 만물이 벌거벗은 것 같이 드러나느니라"(히 4:12-13)라고 말씀하셨습니다.

그러므로 하나님의 말씀은 예리하고 분명하며 확실하고 정확해서 그 말씀을 믿음으로 받아 알아서 이해하고 삶에 적용할 때에 이렇게 사는 자의 삶 속에 하나님의 영광이 나타나는 것을 볼 수가 있는 것입니다. 베뢰아의 귀신론은 적당히 얼버무려서 만들어 놓은 잘못된 이론입니다.

3. 마귀의 핵심교리, 반야심경(般若心經)

상대적으로 마귀의 가르침은 따지고 분별하지 말라는 것입니다. 도를 이루는 것의 핵심은 만상의 이치가 하나인 것을 알면 도를 이룬다고 합니다.

예를 들면 빛과 어둠이 같고 더러운 것과 깨끗한 것이 같으며 악한 것과 선한 것이 같고 높은 것과 낮은 것이 같으며 모든 현상이 무엇을 보더라도 그 이치가 하나인 것을 알면 그것이 도에 이르는 것이니 해탈과 열반의 경지에 들어가게 된다는 것이며 그러므로 마음을 잘 관리해서 모든 이치가 둥글고 하나인 것을 깨달으라고 합니다. 선방에서 참선하고 있는 모든 사람이 마음의 고요함 속에서 분별없이 하나 된 것을 알면 마음속에 갈등이 없어지고 참 평안에 이르게 된다는 것이 불교의 핵심원리인 것입니다.

그러므로 그들이 날마다 반복하는 염불의 가장 중요한 것인 반야심경은 그러한 이치를 집중해서 반복적으로 설명하고 있습니다. 摩訶般若波羅蜜多心經 이를 번역하면 '마하반야바라밀다심경'이라고 하는데 마하(摩訶)라는 것은 크다는 뜻이며 반야(般若)라는 것은 지혜를 말하는 것이며 바라밀(波羅蜜)은 도피안 이는 저 언덕을 말하는 것이며 이는 불교에서 말하는 성불, 해탈, 열반, 극락 등을 가리켜서 하는 말이요 심경(心經)이라 함은 마음의 경을 말하는 것입니다. 이를 정리하면 '큰 지혜로 저 언덕에 이르는 마음의 경'이라는 뜻입니다. 이는 반야심경이 해탈의 방법, 성불의 방법을 가르쳐주고 있으며 가르쳐준 대로 되면 그것이 해탈에 이르게 된다는 것입니다.

4. 기독교에 침투한 마귀적 요소

귀신에 대해서 말하면서 불교의 경전을 끄집어내는 것은 기독교에 우상 숭배적 요소가 여러 가지 모양으로 들어와 있으며 이러한 그것들이 작용해서 기독교에 대한 오해가 나오고 잘못된 해석이 나오고 이단이 나와서 기독교의 본질이 훼손된 체 양 신이 역사하는 가운데 좋다 좋다 하는 혼합된 복음주의자들이 의외로 많다는 데 문제가 있는 것입니다.

이어서 문제점을 살펴보기로 합니다. 다음으로 보면 觀自在菩薩 行心般若波羅密多時 照見五蘊皆空 度一切苦厄舍利子(관자재보살 행심반야바라밀다시 조견오온개공 도일체고액사리자) 라고 하는데 이는 수행자가 오온이 다 텅 빈 것과 일체 고액이 텅 빈 것을 봐야 한다는 것입니다. 여기서 '오온'이라 함은 色受想行識을 말하며 '일체고액'이라 함은 세상을 살아가는데 닥치게 되는 모든 고통을 말합니다.

이를 구체적으로 하면 色은 눈에 보이는 것을 말하며 受라는 것은 눈에 보이는 것을 마음속에 받아들이는 것을 말하며 想이란 마음속에 받아들인 것을 생각하는 것을 말하며 行이라는 것은 생각한 것을 행동하는 것을 말하며 識이라는 것은 보고 느끼고 생각하고 행동하는 것의 전체에 대한 인식 곧 마음속에 남아 있는 인식을 말하며 일체고액이란 이렇게 오온의 활동을 하는 중에 닥치게 되는 일체의 고통을 말하며 '개공도'라 함은 이러한 모든 것이 허공과 같아서 아무것도 아니요. 아무것도 없는 것처럼 마음속에 정리돼야 한다는 것입니다. 정

기독교와 영의 세계

리해서 말하면 '있는 것이 없는 것처럼 마음속에 정리돼야 한다'라는 것입니다.

제**3**부

마귀와
귀신의 정체

제**10**장
기독교와 불교는
근본이 다르다

1. 기독교는 확실하게 '있다'는 것이다

그러므로 기독교의 진리와 불교의 가르침은 근본적으로 다릅니다. 기독교의 가르침은 하나님이 계시고 하나님이 만든 피조 세계가 있고 그 중심에 하나님의 형상과 모양을 닮은 사람이 있고 사람을 유혹하여 죄짓게 하는 마귀의 세력 용이 있고 죄에서 구원해줄 수 있는 구세주 예수님이 있고 믿으면 가는 천국이 있고 예수 안 믿으면 가게 되는 지옥이 분명하게 있으니 이것을 믿으라는 것입니다.

2. 불교의 교리는 기독교와 정반대이다

그런데 불교 가르침의 핵심은 일체의 것이 없는 것을 깨닫고 그 깨달음으로 인하여 일체의 걸림이 없음을 깨달아 알면 해탈을 하고 열반에 들어간다고 가르치는데 이것을 깊이 들어가면 결과적으로 이들이 노리는 것은 하나님의 말씀을 부정하는 것이며 하나님을 부정하는 것이요 그러므로 죄에서 벗어나지 못하고 영원한 지옥 불로 끌고 들어가는 것을 그들 가르침의 핵심원리로 삼고 있음을 '시조견오온개공도 일체고액사리자'라는 염불 속에서 가르치고 있는 것입니다.

3. 불교의 교리는 모든 것이 하나요 같다는 것이다

이어서 반야심경은 가르치기를 色不異空 空不異色 色卽是空 空卽是色 受想行識 亦復如是 舍利子 라고 합니다. 이를 번역하면 '색불이공 공불이색 색즉시공 공즉시색 수상행식 역부여시 사리자' 하는 것입니다. 이를 해석해보면 색이 공과 다르지 아니하고 다른 말로 하면 있는 것이 없는 것과 다르지 아니하고 보이는 것이 보이지 않는 것과 같고 그러므로 보이는 것이 곧 보이지 않는 것이요 보이지 않는 것이 보이는 것이다. 없는 것이 곧 있는 것이요 있는 것이 곧 없는 것이다. 그뿐만 아니라 행동하는 것이나 마음속의 생각과 의식이 이처럼 항상 없는 것이다. 라는 내용입니다. 이는 곧 보이는 것과 보이지 않는 것

기독교와 영의 세계

이 같고, 있는 것과 없는 것이 같으니 행동하고 생각하고 인식하는 것도 또한 이처럼 없는 것과 같은 것이다. 라는 내용입니다.

이것은 그 내용 자체가 근본적으로 말이 안 되는 것이며 이를 그렇다고 느끼고 일체의 것이 없음을 알면 그것이 곧바로 도에 이르고 깨달음에 이르는 길이다. 라는 내용입니다. 이는 원칙이 없습니다.

4. 불교의 핵심교리는 따지지 말고
   마음에 좋을 대로 하라는 것이다

오직 분별하지 말고 따지지 말고 그것이 그것이고 그것이 그것이니 그저 일체의 것이 허무한 것이요 없는 것인 줄 알아서 자기의 마음 편하면 그것이 제일이요 모든 마음의 고통은 분별하고 집착하는 데서 오는 것이니 놔버리고 일체의 것은 허무한 것이요 없는 것으로 생각하라는 것이며 불교의 교리는 이 원칙을 바탕으로 하여 이것을 입증시키기 위한 목적으로 일체의 교리를 구성하고 조직하는 것입니다.

이렇게 해 가는데 쓰는 가장 큰 무기는 사람 중심입니다. 어떻게 하면 마음이 편하고 좋으냐 하는 것입니다. 그러므로 세상을 번뇌 고민이 많은 곳이라 하고 이곳을 피하여 깊은 산속에 들어가며 머리를 깎고 세상의 모든 것을 끊기 위한 고행을 하는 것입니다. 그러면 그때 마귀가 편한 느낌을 주고 그렇게 열심히 할수록 더욱 마귀의 충성스러운 종으로 인정을 해주는 것입니다.

5. 말씀대로 믿지 않으면 마귀에게 속게 된다

그러므로 그리스도인들이 믿음을 굳게 지키고 마귀에게 속지 않기 위해서는 예수를 주인 삼고 하나님의 말씀을 삶의 지침서 삼아서 말씀에 절대가치를 부여하고 변질시키지 말며 전적으로 순종하는 것 외에 다른 특별한 좋은 방법은 없습니다. 따라서 눈에 보이는 세계의 삶은 이러하거니와 눈에 보이지 않는 영적인 세계를 말할 때는 하나님이 하신 말씀의 선을 넘으면 그때부터 마귀의 가르침을 받아들이는 것이며 결과적으로 마귀의 종 된 상태에 들어가게 되는 것입니다.

그런데 베뢰아 측의 문제는 귀신을 적대시하는 것 같으면서 실은 귀신에게 배운다는 것입니다. 귀신에게 들은 내용을 통계자료로 제시하는 것 이런 것이 바로 귀신의 가르침을 받은 것이며 귀신의 종노릇하는 것입니다. 우리는 귀신을 쫓아내는 것이지 결코 귀신을 이롭게 하지 않는다고 주장할지라도 옳지 않습니다. 비성경적인 것들은 모두 다 마귀한테서 오는 것이며 하나님 나라를 혼란하게 하고 파괴하기 위한 마귀의 속임수입니다.

6. 그리스도인들을 불효자 만드는 베뢰아 측의 주장

베뢰아 측은 귀신의 정체를 알아서 귀신을 쫓아내는 것이 성경적이요 옳은 것이라고 주장하면서 이것을 인정하면 모든 사람이 다 예수를 믿을 것처럼 주장합니다. 그러나 그것은 사실과 전혀 다른 엉뚱한 주장입니다. 아버지를 지극히 존경하고 사랑했는데 아버지가 예수 믿지 않고 죽었습니다. 그런 아버지가 귀신이 되어 나타나 사랑하는 아들을 괴롭힙니다. 그러면 아들이 말하기를 '더러운 아버지 귀신아 내 몸에서 나가라' '내가 살고 봐야지, 왜 나를 괴롭혀' 하고 쫓아냅니까? 조금이라도 예가 있고 효가 있는 아들이면 '아버지가 내 안에 계시고 그러므로 내가 불편하고 아버지가 편하시다면 내가 고통을 받겠습니다.'라고 할 것입니다.

7. 사람이 죽어서 귀신 된다는 것은
사람을 지배하기 위한 마귀의 속임수다

아버지가 아무리 세상 떠나셔서 귀신이 되셨다고 하더라도 아버지가 내 몸속에 들어와 편하시다면 내가 고통을 받겠습니다. 그리고 아버지가 예수 믿는 것 싫어하시면 내가 자식 된 도리로 어떻게 예수를 믿을 수 있겠습니까? 라고 말합니다. 또 어머니의 지극한 사랑을 받고 자란 자식이 어머니가 귀신이 되어 딸의 몸속에 들어와서 편히 쉬고 같이 가기를 원하는데 '이 더러운 귀신아 나가라' 이렇게 말하기는 어렵습니다. 예가 있고 효를 배운 자식이라면 결코 그렇게 할 수 없습니다. 제가 힘들어도 어머니가 편하시다면 내가 고통을 감수해야지요. 이렇게 해야 지극히 정상적인 교육을 받은 딸이라고 할 수 있습니다.

그런데 베뢰아 측은 '이 똥같이 더러운 귀신아' 어떤 때는 더한 용어를 서슴없이 쓰기도 합니다. 기독교인들이 세상 사람들한테 멸시받고 핍박받는 이유 중에 큰 것이 무엇입니까? 조상도 몰라보는 호래자식들이라는 것 아닙니까? 조상이 죽어서 귀신이 됐는데 왜 조상을 왜 박대하느냐 하는 것입니다. 그런데 베뢰아 측은 마귀가 주장하고 가르치는 내용을 그대로 수용하고 주장하면서 마귀와 귀신의 세력들이 가르친 대로 믿는 것이 성경적이라고 주장합니다. 세상에 이런 엉터리 주장이 어디 있습니까? 그래서 불교의 핵심교리의 축소판인 般若心經을 예로 든 것입니다. 예수님은 마귀가 거짓말쟁이이니 믿지 말라고 하시는데(요 8:44), 베뢰아 측은 귀신의 거짓말을 모아서 믿고 가르치며 그것이 옳다고 합니다.

기독교와 영의 세계

제11장
마귀의 핵심교리는
불신자의 사후 영이 귀신

그들의 주장은 무조건 느낌과 생각에 좋은 대로 귀신이 가르쳐준 대로 하는 것이며 그것은 곧 귀신을 섬기는 것입니다. 이러한 섬김의 행위를 훈련해서 마귀가 사람의 마음속에 강한 조상숭배의 의식을 넣어 조상으로 말미암아서 마귀가 계속해서 세상을 지배하고 왕 노릇을 하는 구조를 유지하려고 하는 것입니다.

그러나 성경은 분명하게 죽은 자가 음부에 갇혀 있다 하고 죽어서 음부에 들어간 자는 그것에 나올 수 없고(욥 7:9), 심판받은 후에 지옥에 간다고 기록되어 있으며(계 20:14), 예수님이 음부의 열쇠를 가지고 계시다고 하며(계 1:18), 무저갱은 음부와 또 다른 장소로 천년왕국 때 마귀와 그의 사자들을 가두는 곳이라고 하며(계 20:1), 백 보좌 심판 때는 음부에 갇힌 자나 무저갱의 마귀와 그의 사자들도 심판을 받고 지옥에 간다(계 20:7-10) 라고 기록되어 있는 것입니다.

또 한 가지 놀라운 사실은 음부에 갇힌 죽은 영혼이 자기의 혈연관계에 있는 형제 자식 일가친척들이 예수 잘 믿고 하나님 잘 섬기기를 간절히 바라고 있다는 사실입니다(눅 16:28). 그러므로 하나님의 말씀에 의하면 예수 잘 믿는 것이 예수 믿지 않고 죽은 조상의 한을 풀어드리는 것이며 효도 중에 최상급 효도를 하는 것입니다.

하나님의 말씀인 성경에 이렇게 기록되어 있는데도 불구하고 불신자의 사후 영이 귀신이 아니라고 하는 것이 마치 마귀의 편을 드는 것처럼 말하는 것은 성경을 호도하는 대단히 잘못된 행위입니다. 그런데 베뢰아 측은 불신자의 사후 영이 귀신이라 하고 귀신은 예수 믿는 것을 싫어한다고 합니다.

1. 불신자의 사후 영이 귀신이라는 것은
   마귀의 이론을 정당화하는 것이다

불신자의 사후 영이 귀신이라고 가르침으로 말미암아서 무당 점쟁이들의 존재를 정당화시켜 주는 것입니다. 우상숭배를 정당화시켜 주는 것입니다. 그들은 말합니다. 예수 믿는 것들 조상도 몰라보는 호래자식들이고 자기들은 죽은 조상까지 섬기는 최고의 효자들인 것처럼 주장합니다. 지금 예수 안 믿는 사람들이 예수 믿는 것을 반대하는 가장 큰 이유가 무엇입니까? '죽어서 물도 못 얻어먹게 생겼다'라고 말하고 있습니다. 안 믿는 사람들은 자기들이 죽어서 귀신 되는 줄로 알

기독교와 영의 세계

고 귀신이 되면 와서 제사를 받아먹는 줄로 알고 제사를 잘 지내줘야 자식들이 복 받는 줄로 알고 있다는 것입니다.

사람들이 어찌 말하든지 간에 하나님의 말씀에 예수 안 믿고 죽으면 귀신 된다고 나와 있으면 그렇게 믿어야 할 것입니다. 그런데 하나님의 말씀 어디에도 없는 내용을 자기의 체험을 앞세우고 성경의 해석을 체험에 맞게 해 놓고 그 해석이 옳은 것인 양 귀신들이 하는 말을 적어서 통계를 만들어 놓고 불신자의 사후 영이 귀신이라고 주장하는 것은 우상숭배를 정당화하고 무속을 정당화하며 마귀의 거짓말을 정당화하여 성경의 진리를 부인하고 그리스도인들을 불효막심한 나쁜 사람 만드는 대단히 사단적인 행위입니다.

2. 귀신이 하는 말을 믿는 것은 귀신에게 속는 것이다

불신자의 사후 영이 귀신이다. 정체가 드러나면 더 빨리 나간다고 하는 것이 바로 속고 있는 것입니다. 예수님은 귀신들이 말하니 "잠잠하고 그 사람에게서 나오라"(막 1:25) 라고 하시고, "그 말하는 것을 허락지 아니하시니라"(막 1:34) 라고 했습니다. 그런데 예수님을 믿는다고 하는 사람들이 귀신을 불러내어 이름이 무엇이냐, 어디 살았느냐, 언제 죽었느냐, 무슨 병으로 죽었느냐, 들어온 지 몇 년 되었느냐, 몇 살 때 죽었느냐, 별별 소리를 다 묻고 그것을 정리하여 책을 써서 그 사실을 근거로 불신자의 사후 영이 귀신임을 믿으라고 하는 것은 귀신이 하는 말을 근거로 하여 통계자료를 만들고 책을 써서 예수 안 믿고 죽은 사람이 귀신이 되었다고 주장하는 것은 주의 종이라면 해서는 안 될 일을 한 것입니다.

3. 불신자의 사후 영이 귀신이라는 것은 무속의 뿌리다

이러한 주장은 통계에 의하여 제시하기 전에 이미 무속에서 거짓 말쟁이 마귀의 졸개들이 수없이 반복해온 무속신앙의 뿌리와 같은 것입니다. 이것을 인정해야 귀신이 나가고 인정하지 않으면 귀신이 안 나가는 것처럼 말하는 것은 대단히 잘못된 행위로서 그마저 귀신에게 속는 행위에 속하는 것입니다. 예수님은 말하는 귀신에게 '잠잠하라' 라고 하시고 귀신의 말하는 것을 허락지 아니하시며 나가라고 했는데 왜 예수님과 같이하지 않고 무당들이 하는 것과 같은 방법으로 귀신과 대화를 하며 귀신을 쫓아내느냐 하는 것입니다. 그것은 마귀의 졸개인 귀신이 진실을 말한다고 성경과 반대로 믿기 때문입니다.

4. 하나님은 초혼자를 용납하지 말라 하셨다

성경은 말하기를 "진언자나 신접자나 박수나 초혼자를 너희 가운데에 용납하지 말라"(신 18:11) 라고 했습니다. 귀신이 불신자의 사후 영이라고 인정을 해주면 속는 것과 같고 초혼행위와 같은 것입니다. 귀신에게 말하기를 '너 천사지' 라고 하면 귀신이 '응 나 천사야' 라고 하면서 속인다고 말하는데 귀신 쫓는 사람이 귀신에게 너 천사지 하는 사람이 누가 있습니까? 이는 베뢰아 사람들이 실험적으로 해봤는지는 알 수 없는 일이나 귀신 쫓는 사람은 누구도 귀신에게 '너 천사지' 라고 말하지 않습니다. 이미 그들은 하늘에서 하나님을 섬기다가 자기들의 두목인 사단에 의해서 자기 지위를 떠나서 하나님과 원수가 되었으며 그때부터 악의 영이 되고 귀신이 되었습니다. 그러므로 누가 귀신을 천사라고 말했다면 이는 영적 지식이 없고 분별이 전혀 없는 사람일 것입니다.

5. 귀신이 죽은 아무개라고 해야 귀신이
   나가는 것처럼 하는 것은 귀신에게 속는 것이다

그러므로 귀신이 불신자의 사후영인 아무개라고 정체를 드러내야 귀신이 잘 나가는 것처럼 말하고 그냥 귀신이라고 하고 나가라고 하는 것은 귀신에게 속은 것이요 잘못하는 것처럼 말하는 것은 성경과 다른 것이며 성경과 다른 주장을 하는 것은 성경에 의하여 하나님을 부인하는 사단적 행위에 속한 것입니다. 불신자의 사후 영이 귀신이라고 인정해 주는 것이 귀신의 정체를 다 아는 것이 아니요. 불신자의 사후 영이 아닌 하나님을 수종 들던 천사가 그의 두목이 하나님께 반란을 일으키므로 하늘에서 쫓겨나 땅으로 온 타락한 영들이 더러워지고 귀신의 영이 되었음을 성경은 말하고 있습니다.

그러므로 속는 것은 불신자의 사후 영이 귀신이라고 귀신이 무당에게 말하고 예수 안 믿는 사람들에게 말한 것같이 하는 말을 그대로 믿고 말하는 것이 속는 것이지 하나님의 말씀을 근거로 하여 하나님의 말씀대로 믿고 귀신을 쫓아내는 것은 속는 것이 아니요 성경적임을 확실히 알아야 할 것입니다.

제12장
귀신의 정체

　귀신은 불신자의 사후 영이 아니요 타락한 천사이다. 귀신들이 주는 정보에 의하면 불신자의 사후 영이 귀신이요 하나님의 말씀에 의하면 타락한 천사가 귀신이다. 귀신의 정체에 대한 결론을 귀신이 하는 말에 의하여 내리지 않고 하나님의 말씀 때문에 내리며 그것을 성경적으로 증명하고 베뢰아 측의 주장을 논박하고자 한다. 불신자의 사후 영은 몸이 있었기 때문에 몸속에 들어오고 사람이 죽으면 음부에 영이 떠돌아다니며 이때 인격은 영속에 잠재되고 사람의 몸에 들어갈 때 인격이 나타난다는 주장에 대하여.

1. 몸이 없었던 영은 사람의 몸속에 들어올 수 없다는 주장에 대하여

이 주장은 불신자의 사후 영이 귀신이 되는 것을 전제로 하여 그것을 합리화하는 방법으로 베뢰아 측이 전개 시키고 있는 이론일 뿐 성경에 기록된 내용과는 관계도 없고 성경에 그 근거를 찾아볼 수 없는 내용입니다. 본래 몸이 없는 영은 사람의 몸에 들어올 수 없다고 한다면 이는 성경을 부정하고 있는 것과 같습니다. 성경은"하나님은 영이시니 예배하는 자가 영과 진리로 예배할지니라."(요 4:24)라고 말하는 것을 볼 수가 있습니다. 여기에서 영이시니 할 때의 영을 보면 원문에 "πνεμα"로 표기된 것을 볼 수 있습니다.

그런데 이 영이 사람의 속에 들어올 때 맨 처음 예수님의 몸에 임하신 것을 보면"예수께서 침례를 받으시고 곧 물에서 올라오실새 하늘이 열리고 하나님의 성령이 비둘기같이 내려 자기 위에 임하심을 보시더니 하늘로부터 소리가 있어 말씀하시되 이는 내 사랑하는 아들이요 내 기뻐하는 자라 하시니라"(마 3:16-17). 여기에서 '하나님의 성령이 예수님께 비둘기 같이 임하실 때' 여기에서도 성령을 원문은 "πνεμα"로 기록하고 있습니다. 그런데 성령은 하나님이신 영이 사람 속에 들어오신 것을 말씀하고 있습니다. 또한, 성령이 사람 속에 들어와 영향을 미칠 때 그것을 πνευματος του αγίον(프네우마토스 토우 아기온) 혹은 του αγίον πνευματος(토우 아기온 프네우마토스)라고 말하고(행 2:38) 성령을 받을 때 행 8:17에 πνευμα αγίον(프네우마 아기온)이라고 합니다.

기독교와 영의 세계

이는 곧 하나님이 영으로 계시다가 육신을 가진 사람 속에 직접 들어오시는 것을 기록으로 알려주고 계십니다.

하나님은 영이시고 영이신 하나님이 사람의 몸속에 들어온 사실이 기록되어 있는데 몸이 없었던 영은 사람의 몸속에 들어올 수 없다고 하는 것은 하나님의 말씀을 부정하는 비성경적인 주장입니다.

2. 원어를 기준으로 보는 귀신의 정체

베뢰아 측은 귀신은 천사의 영이 아니고 사람의 영이라고 말합니다. 그러나 성경은 말하기를 귀신이 더러운 영이요 귀신이 사단이요 귀신이 마귀라고 분명히 말합니다. 귀신의 본래 원어는 δαιμόνιον(다이모니온)이고 귀신의 정체를 말할 때 πνευμα ακαθαρτον(프네우마 아카다르톤)이라고 합니다. 이는 곧 귀신은 더러운 영이라는 것입니다. 만일에 귀신이 사람 죽은 영혼 혹은 혼이라면 성경에 사람의 영혼이나 혼에 대해서는 ψυχή(프시케)라는 다른 용어를 분명하게 사용하고 있으므로 πνευμα(프네우마)가 아닌 ψυχή(프시케)를 사용해야 옳을 것입니다. 그러나 성경 헬라의 원문은 더러운 귀신이라고 할 때 언제든지 πνευμα ἀκάθαρτον(프네우마 아카다르톤)을 쓰고 있지 ψυχή ἀκάθαρτον(푸케 아카다르톤)이라고 쓰고 있지 않다는 것입니다. 그리고 천사의 정체에 대해서 모든 천사는 부리는 영이라(히 1:14) 라고 분명히 적고 있으며 여기에서 영을 표시할 때에 πνευματα를 쓰고 있다는 것입니다.

3. 성경 말씀에 나타난 귀신의 정체

그뿐만 아니라 예수님이 귀신 쫓는 것에 대하여 귀신의 왕 바알세불을 힘입어 귀신을 쫓아낸다고 하니 "만일 사탄이 사탄을 쫓아내면 스스로 분쟁하는 것이니 그리하고야 어떻게 그의 나라가 서겠느냐"(마 12:26)라고 하시므로 귀신이 사단과 같은 존재임을 분명히 말씀하고 계시며, 예수님이 열여덟 해 동안 귀신들려 앓으며 꼬부라져 펴지 못하는 여자를 안식일에 고쳐주시니 이것을 보고 회당장이 안식일에 병 고치시는 것을 비난하니 예수님 말씀하시기를 주께서 대답하여 가라사대 "외식하는 자들아 너희가 각각 안식일에 자기의 소나 나귀를 외양간에서 풀어내어 이끌고 가서 물을 먹이지 아니하느냐 그러면 열여덟 해 동안 사탄에게 매인 바 된 이 아브라함의 딸을 안식일에 이 매임에서 푸는 것이 합당하지 아니하냐"(눅 13:15-16)라고 말씀하셨습니다. 여기에서도 예수님은 귀신과 사탄을 똑같이 말씀하고 계십니다.

또 다른 사도행전의 말씀을 보면 "하나님이 나사렛 예수에게 성령과 능력을 기름 붓듯 하셨으매 그가 두루 다니시며 선한 일을 행하시고 마귀에게 눌린 모든 사람을 고치셨으니 이는 하나님이 함께하셨음이라"(행 10:38)라고 말씀하신 것을 볼 수가 있습니다. 여기에서도 성경은 마귀와 귀신을 똑같은 영적 존재로 보고 있습니다.

성경의 기록이 이러한데 베뢰아 측이 죽은 영혼은 육체가 있었기에 육체에 들어갈 수가 있지만 천사의 영은 육체가 없는 고로 사람의 몸에 들어갈 수가 없다고 주장하는 것은 무속적 귀신론으로 성경적

기독교와 영의 세계

귀신론을 대체하려는 베뢰아 측의 잘못된 주장일 뿐 성경 어디에도 그 근거가 없는 것입니다. 그뿐만 아니라 베뢰아 측이 천사들은 육체가 없으므로 사람의 몸에 들어올 수 없다고 하지만 오히려 성경은 천사들이 사람의 모습으로 나타나는 것을 볼 수가 있습니다.

따라서 베뢰아 측의 주장은 성경과 다른 것이며 불교와 무속에서 무당과 점쟁이들이 하는 귀신의 속임을 사실로 받아들여서 속고 있는 것을 모르고 거짓을 사실로 받아들인 것이며 이는 무속의 주장을 하나님의 말씀보다 위에 두는 불 신앙적 죄를 범하고 있는 것입니다.

4. 천사가 사람의 모습으로 나타나다

창세기 18장을 보면 "여호와께서 마므레의 상수리나무들이 있는 곳에서 아브라함에게 나타나시니라 날이 뜨거울 때에 그가 장막 문에 앉아 있다가 눈을 들어 본즉 사람 셋이 맞은편에 서 있는지라 그가 그들을 보자 곧 장막 문에서 달려나가 영접하며 몸을 땅에 굽혀 이르되 내 주여 내가 주께 은혜를 입었사오면 원하건대 종을 떠나 지나가지 마시옵고 물을 조금 가져오게 하사 당신들의 발을 씻으시고 나무 아래에서 쉬소서 내가 떡을 조금 가져오리니 당신들의 마음을 상쾌하게 하신 후에 지나가소서 당신들이 종에게 오셨음이니이다 그들이 이르되 네 말대로 그리하라"(창 18:1-5).

이는 하나님이 사람의 모습으로 아브라함에게 나타나시매 아브라함이 사람의 모습으로 아브라함에게 오신 하나님께 발 씻을 물을 들여 발을 씻게 하신 후에 사람이 먹는 음식을 준비하여 대접해드리겠다고 말씀을 드리니 하나님께서 그렇게 하라고 승낙하신 내용이 기록된 말씀입니다. 이는 천사는 몸이 없으므로 사람 속에 들어갈 수 없다고 하는 베뢰아 사람의 주장과는 전혀 다른 내용으로서 베뢰아 측의 주장이 성경과 다른 것이며 성경을 사실과 다르게 말하고 있음을 보여주는 실증적인 예가 되는 것입니다. 이후 세 사람은 아브라함의 융숭한 대접을 받고 1년 후에 아들 이삭이 날 것을 알려주시고 큰 복을 주시겠다고 약속하신 후 그 사람들이 일어나 소돔으로 향하는 것을 보여주고 있습니다(창 18:7-16).

5. 사람의 모습으로 나타나서 롯을 구해내는 천사들

아브라함은 여호와 앞에 서서 조카 롯을 위하여 간절히 기도하고 두 천사가 소돔에 이르러 아브라함의 조카 롯을 구해내고 소돔과 고모라 성을 멸망시켜 없애버리게 됩니다. 이에 대하여 성경은 기록하기를 "저녁 때에 그 두 천사가 소돔에 이르니 마침 롯이 소돔 성문에 앉아 있다가 그들을 보고 일어나 영접하고 땅에 엎드려 절하며 이르되 내 주여 돌이켜 종의 집으로 들어와 발을 씻고 주무시고 일찍이 일어나 갈 길을 가소서 그들이 이르되 아니라 우리가 거리에서 밤을 새우리라 롯이 간청하매 그제서야 돌이켜 그 집으로 들어오는지라 롯이

기독교와 영의 세계

그들을 위하여 식탁을 베풀고 무교병을 구우니 그들이 먹으니라"(창 19:1-3)라고 기록된 말씀을 볼 수 있습니다.

이는 아브라함에게 여호와께서 사람으로 나타나셨는데 아브라함의 대접을 받고 여호와는 아브라함에게 남아서 아브라함과 대화하며 아브라함의 기도를 들으시고 두 사람은 소돔으로 갔는데 소돔으로 간 그 두 사람이 천사라고 성경은 분명하게 기록하고 있는 것입니다. 이로 보건데 천사가 영으로 존재하지만, 사람의 모습으로 나타나서 사람처럼 음식을 먹기도 하고 발을 씻기도 하며 사람과 대화하기도 하는 것입니다. 이는 베뢰아 측이 주장하는 천사는 몸이 없으니 사람의 몸에 들어올 수 없다고 하는 말과는 상반된 내용으로서 베뢰아 측의 주장은 성경과 다른 잘못된 주장임을 볼 수가 있습니다.

이로 보건데 영이신 하나님은 거룩한 영으로 사람의 몸속에 들어와 사람과 같이 살기도 하시고 하나님을 수종 드는 천사는 사람의 모습으로 나타나서 사람을 돕고 사람의 모습으로 나타나기도 한다는 것입니다. 그러므로 마귀의 졸개들인 타락한 천사들이 귀신이 되어 사람의 몸속에 들어와서 죽은 사람을 가장하여 사람을 속이고 병들게 할 수 있습니다.

6. 사람의 모습으로 나타나서 베드로를 구하는 천사

사람과 천사의 관계에 있어서 베드로가 잡혀 옥에 갇혀서 처형을 기다리고 있을 때 요한의 집에서 교회가 베드로 구해주실 것을 간절히 기도하니 하나님의 천사가 옥중에 베드로에게 나타나서 구해내는 기록은 말하기를 "헤롯이 잡아내려고 하는 그 전날 밤에 베드로가 두 군인 틈에서 두 쇠사슬에 매여 누워 자는데 파수꾼들이 문 밖에서 옥을 지키더니 홀연히 주의 사자가 나타나매 옥중에 광채가 빛나며 또 베드로의 옆구리를 쳐 깨워 이르되 급히 일어나라 하니 쇠사슬이 그 손에서 벗어지더라. 천사가 이르되 띠를 띠고 신을 신으라 하거늘 베드로가 그대로 하니 천사가 또 이르되 겉옷을 입고 따라오라 한 대 베드로가 나와서 따라갈새 천사가 하는 것이 생시인 줄 알지 못하고 환상을 보는가 하니라. 이에 첫째와 둘째 파수를 지나 시내로 통한 쇠문에 이르니 문이 저절로 열리는지라 나와서 한 거리를 지나매 천사가 곧 떠나더라. 이에 베드로가 정신이 들어 이르되 내가 이제야 참으로 주께서 그의 천사를 보내어 나를 헤롯의 손과 유대 백성의 모든 기대에서 벗어나게 하신 줄 알겠노라 하여 깨닫고 마가라 하는 요한의 어머니 마리아의 집에 가니 여러 사람이 거기에 모여 기도하고 있더라. 베드로가 대문을 두드린대 로데라 하는 여자 아이가 영접하러 나왔다가 베드로의 음성인 줄 알고 기뻐하여 문을 미처 열지 못하고 달려 들어가 말하되 베드로가 대문 밖에 섰더라 하니 그들이 말하되 네가 미쳤다 하나 여자 아이는 힘써 말하되 참말이라 하니 그들이 말하되 그러면 그의 천사라 하더라"(행 12:6-15). 천사가 사람의 모습으로 나타난 것같이 천사였다가 타락하여 귀신이 된 마귀의 졸개들도 사람의 모습으로 나타날 수 있고 사람 속에 들어올 수도 있는 것입니다.

7. 천사가 베드로의 모습으로 나타난다고 말하다

이 내용을 보면 천사와 사람과의 관계를 잘 설명해주고 있습니다. 옥에 갇혀서 처형을 기다리고 있는 베드로에게 천사가 들어가서 베드로를 구해내었고 옥에서 탈출한 베드로가 자기의 구출을 위해서 열심히 기도하는 요한의 어머니 마리아의 집에 가서 문을 두드리매 계집종이 나와서 베드로의 음성을 듣고 베드로라 하매 아니라 하니 그래도 여종이 베드로임을 주장하는 소리를 듣고 네가 미쳤다 하더니 그래도 여종이 계속해서 베드로라고 하매 그러면 그의 천사라고 했다는 것입니다. 이는 사람을 호위하는 천사가 사람의 모습으로 나타날 수도 있다는 말입니다. 이는 곧 사람 속에 들어온 귀신이 그 사람의 모습으로 나타날 수도 있다는 것입니다.

8. 베드로의 천사가 베드로의 모습으로 나타날 수 있다

중요한 사실이 있습니다. 계속 베드로라고 하니 그러면 그의 천사라고 했다는 것입니다. 이는 사람을 돕는 천사가 사람의 모습으로 나타날 수도 있는데 이 천사는 하나님의 사자인 거룩한 영이며 하나님 사람의 모습으로 나타나기도 한다는 것입니다. 이 사실을 증명할 수 있는 또 다른 성경 구절이 있습니다. 예수님이 말씀하시기를 "예수께서 한 어린아이를 불러 그들 가운데 세우시고 이르시되 진실로 너희에게 이르노니 너희가 돌이켜 어린아이들과 같이 되지 아니하면 결단코 천국에 들어가지 못하리라. 그러므로 누구든지 이 어린아이와 같이 자기를 낮추는 사람이 천국에서 큰 자니라. 또 누구든지 내 이름으로 이런 어린아이 하나를 영접하면 곧 나를 영접함이니 누구든지 나를 믿는 이 작은 자 중 하나를 실족하게 하면 차라리 연 자 맷돌이 그 목에 달려서 깊은 바다에 빠뜨려지는 것이 나으니라"(마 18:2-6). "삼가 이 작은 자 중의 하나도 업신여기지 말라 너희에게 말하노니 그들의 천사들이 하늘에서 하늘에 계신 내 아버지의 얼굴을 항상 뵈옵느니라"(마 18:10)라고 말씀하셨습니다.

9. 천사가 사람의 모습으로 나타나는 것같이
타락한 천사 더러운 귀신도 사람으로 나타날 수 있다

이 얼마나 놀라운 진리의 말씀입니까? 예수님이 어린아이를 섬기며 사랑할 것을 말씀하시고 어린아이를 실족시키면 안 된다고 강조하시고 어린아이의 천사들이 하나님의 얼굴을 만나 뵌다는 내용입니다. 어린아이들의 천사가 하나님을 뵐 때 어린아이의 모습으로 뵌다는 내용입니다. 이는 베드로의 천사가 베드로의 모습으로 나타난 것 같이 어린아이의 천사가 어린아이의 모습으로 나타난 것과 같이 사람을 괴롭히던 마귀의 졸개 타락한 천사 더러운 귀신이 죽은 사람의 모습으로 나오는 것은 너무나 당연합니다.

기독교와 영의 세계

그런데 베뢰아 측은, 이 분명하고 엄연한 사실을 외면한 채 귀신의 주장에만 성경의 해석을 맞추고 성경을 왜곡하여 영계의 질서를 어지럽히며 마귀의 거짓을 받아들여서 이 땅의 모든 그리스도인을 예도 없고 조상도 몰라보는 불효자식 만드는 이론을 만들어 그것을 확대해 나가는 데 힘을 쓴다면 그것을 어떻게 하나님의 뜻에 따라서 하나님께 순종하며 하나님을 섬기는 종이라고 말할 수 있겠습니까? 이는 하나님의 일을 가장 능력 있게 하는 것 같으나 귀신의 가르침을 받아서 귀신의 거짓을 정당화하고 성경 위에 두는 중한 죄를 짓고 있는 것입니다.

10. 사단도 광명의 천사로 가장하고 사단의 일군들도 의의 일군으로 가장한다

성경에 또 다른 증거가 있습니다. 성경은 사단이 계속해서 반복적인 속임수로 믿음의 사람들을 혼란에 빠뜨릴 것이라고 말합니다. 기록된 말씀을 보면 "저런 사람들은 거짓 사도요 궤휼의 역군이니 자기를 그리스도의 사도로 가장하는 자들이니라. 이것이 이상한 일이 아니라 사단도 자기를 광명의 천사로 가장하나니 그러므로 사단의 일군들도 자기를 의의 일군으로 가장하는 것이 또한 큰일이 아니라 저희의 결국은 그 행위대로 되리라"(고후 11:13-15).

이는 다른 말로 하면 사단이 자기를 광명한 천사로 가장하여 하나님의 사람들을 속일 것이니 속지 말고 사단의 일군들도 자기를 의의 일군으로 가장할 것이니 속지 말라는 것입니다. 성경은 이렇게 사단 마귀가 거짓말쟁이요 속이는 자이니 속지 말라고 강조해서 말하고 있는 사실에 유의해야 합니다. 성경의 말씀이 이러함을 알고도 귀신이 한 말을 믿고 그것이 옳다고 정의하며 귀신이 하는 말에 근거하여 하나님의 말씀을 부정하고 하나님의 말씀대로 하는 것이 잘못이라고 주장한다면 그 소속이 어디인지 의심의 여지가 있는 것입니다. 그러므로 그리스도인들은 어떠한 경우에도 성경을 초월한 해석이나 이론, 주장을 내세워서는 안 되는 것입니다.

11. 불신자의 사후 영이 귀신이다. 세상이 음부다. 귀신이 무저갱으로 들어간다는 베뢰아 측의 주장은 허구다

우리는 성경을 통해서 지금까지 마귀와 사단과 귀신은 같은 존재임을 확인했습니다. 그리고 죽은 자의 영혼과 귀신은 아무 관계가 없음을 확인했습니다. 그리고 천사의 영 타락한 천사의 영이 사람 속에 들어올 수도 있고 사람의 모습으로 나타날 수도 있음을 확인했습니다. 그러므로 천사의 영이 사람 속에 들어올 수 없다는 말이 사실과 다른 허구임을 확인을 하고 불신자의 사후 영이 귀신이라는 주장은 성경에 전혀 근거가 없는 무속적인 주장임을 확인했습니다. 무저갱과 음부와 세상이 같다는 베뢰아 측의 주장은 불신자의 사후 영이 귀신이라는 마귀의 이론을 합리화시키기 위한 거짓에 불과함을 확인하고 그들의 이러한 주장이 성경 말씀과는 아무 상관이 없음을 확인했습니다. 그러므로 불신자의 사후 영이 귀신이라는 주장은 그리스도인을 무례하고 조상도 모르는 사악한 집단으로 만들려는 마귀의 계획이며 마귀가 계속해서 섬김을 받고 하나님의 나라를 훼방하려는 속임수에서 나온 거짓임을 확인했습니다. 이러한 기본적인 내용을 근거로 하여 불신자의 사후 영이 귀신이라고 주장하는 저들의 주장의 허구를 구체적으로 정리해보겠습니다.

제13장
귀신은 마귀의 졸개이며 거짓말쟁이다

1. 불신자의 사후 영이 귀신이라는 주장은 거짓이다

베뢰아 측은 귀신이 정체가 드러나고 원통하다고 통곡을 하고 나면 잘 나가는 것처럼 주장하는데 이는 사실과 전혀 다른 것입니다.

어떤 여자 성도님은 귀신의 정체가 드러나서 울고불고해대면서 온갖 얘기들을 떠들어대고 나니 귀신 쫓는 현장에 있던 교인들이 다 그 모습을 보고 소리를 들은지라 이후에 이 성도님은 그 교회를 창피해서 더 다니지 못하고 다른 교회로 옮기고 말았습니다. 예수 믿은 사람 중에 귀신이 된 사람이 한 사람도 없다고 하는데 귀신을 쫓아내면 귀신이 나와서 죽은 건축위원장, 안수집사라고 하고 귀신이 나와서 얼마 전에 죽은 부목사라고 하면서 교인들 속에 쏘다니고 다니면 교회는 술렁거리고 이러한 실례들이 귀신 쫓는 현장에서 나타나고 있는

기독교와 영의 세계

것을 듣고 봐왔습니다.

2. 예수 이름 앞에서 귀신이 속이지 못한다는
   주장에 대하여

귀신이 예수 이름 앞에서 못 속인다고 주장하는 것은 이 또한 성경에 근거가 없는 말입니다. 한 가지 분명한 사실은 귀신이 하나님을 못 속이고 귀신이 예수님을 못 속인다고 하는 것입니다. 귀신이 속이지 못하는 것은 하나님이 미리 알고 계시고 예수님이 미리 알고 계시기 때문에 못 속입니다. 예수 이름으로 귀신을 쫓으면서 귀신에 대하여 알고 있는 것이 무엇이었습니까? 아무것도 모르고 물어보고 있지 않습니까? 아무것도 모르기 때문에 물어보기를 '이름이 무엇이냐?' '무슨 병으로 죽었냐?' '들어온 지 몇 년 됐느냐?' '전에 집 주소를 아느냐?' 고 별별 것을 다물어 보면서 귀신이 못 속이고 사실대로 대답한다는 것은 성경 말씀을 귀신의 말을 듣고 전적으로 부인하는 것과 같습니다.

예수님이 말씀하시기를 "너희는 너희 아비 마귀에게서 났으니 너희 아비의 욕심대로 너희도 행하고자 하느니라 그는 처음부터 살인한 자요 진리가 그 속에 없으므로 진리에 서지 못하고 거짓을 말할 때마다 제 것으로 말하나니 이는 그가 거짓말쟁이요 거짓의 아비가 되었음이라"(요 8:44). 모르니까 물어보면서 못 속인다고 하는 것은 예수님의 말씀을 부정하는 것과 같습니다.

3. 마귀와 귀신이 하는 말은 다 거짓말이다

마귀는 거짓말쟁이요 처음부터 거짓말을 해서 거짓의 아비가 되었고 그 속에는 진리가 없으므로 거짓을 말할 때마다 제 것으로 말한다는 것입니다. 이 마귀의 종인 귀신이 저희 아비 마귀가 시키는 대로 입을 열기만 하면 거짓을 말하고 거짓말을 듣는 사람이 자기의 것으로 받아들이도록 기술적인 거짓말을 하는데 이 거짓말쟁이의 말이 진실하다고 하고 진실하신 하나님의 말씀은 거짓말이라고 한다면 과연 그 말을 믿어도 되겠냐? 하는 것입니다. 마귀가 진리가 없고 거짓말쟁이가 되고 거짓의 아비가 된 것은 진리이신 하나님을 거역하고 불순종하며 반대 견해에서 대적했기 때문입니다. 마귀의 졸개 귀신이 하는 말을 믿는 것은 귀신을 믿는 것이며 마귀를 믿는 것과 같습니다. 주의 종이 할 일이 아닙니다.

4. 마귀의 모든 말은 하나님의 말씀과 반대이다

그러므로 마귀의 모든 주장은 하나님의 말씀과 정반대입니다. 하나님은 우상을 만들지 말고 절하지 말라고 했는데 저들은 우상을 만

기독교와 영의 세계

들어 놓고 절하고 섬기고 있습니다. 하나님은 진언이나 초혼을 하지 말라고 금하시고 용납하지 말라고 하셨는데 저들은 귀신을 섬기며 진언을 하면 좋다고 합니다. 하나님은 하나님 앞에 회개하고 말씀을 믿고 순종하면 믿은 대로 복을 주시겠다고 하시는데 저들은 주장하기를 사람들의 모든 복은 날 때 타고 나는 것이니 타고난 것 외에 복을 더 받을 수 없고 더 살 수도 없다 하고 사람의 행복과 불행은 태어날 때 벌써 결정된 운명이라고 합니다.

하나님은 생명의 신인데 하나님을 반대한 저들은 사망의 신이요, 하나님은 거룩한 신이신데 저들은 더러운 신이요 그러므로 귀신을 더러운 귀신이라고 하는 것입니다. 하나님은 진리이신데 저들은 거짓이요, 하나님은 모든 것이 있음을 가르치시는데 저들은 아무것도 없음을 깨달아야 한다고 합니다. 이처럼 마귀와 귀신들은 어느 것 한 가지도 진실을 말하지 않고 거짓말만 합니다.

5. 세상 사람은 귀신의 말을 듣고 귀신과 마귀를 섬기며 산다

마귀와 귀신의 이러한 거짓말을 드러낼 방법은 세상에 없습니다. 그러므로 세상 모든 사람은 다 마귀의 종이 되어서 용을 임금으로 섬기며 사는 것입니다. 이 마귀의 거짓말을 분별할 방법은 오직 단 한 가지 하나님의 말씀을 믿고 의지하며 그 말씀으로 평가하고 결론을 내리는 것입니다. 하나님이 기록된 말씀을 가감하지 말라(신 12:32) 라고 하신 까닭은 말씀을 조금이라도 변질시켜 놓으면 그때부터 진리의 말씀이 무너지고 하나님을 섬기는 바탕이 무너지고 세상 신 마귀의 거짓이 들어와서 속이고 흔들 때 대항할 방법이 전혀 없기 때문입니다.

6. 진리의 말씀과 일치하지 않는 체험은 버려야 한다

사실이 이러함에도 불구하고 하나님의 말씀에 절대가치를 부여하지 않고 귀신이 하는 거짓말에 가치를 두고 그것이 옳다고 하며 그것을 주장하고 그대로 하는 것이 하나님의 뜻이라고 한다면 그런 것을 믿고 따를 때 어떻게 그것을 주의 종이라고 하며 참 그리스도인이라고 할 수 있겠습니까? 그러므로 주의 종들은 하나님의 일을 하면서 아무리 자기가 옳다고 생각하고 100% 확신이 서도 자기의 경험과 확신이 하나님의 말씀과 일치하지 않으면 그 모든 것은 헌신짝이나 걸레처럼 버려야 합니다.

그러므로 사도 바울은 말하기를 "나는 팔일 만에 할례를 받고 이스라엘 족속이요 베냐민 지파요 히브리인 중의 히브리인이요 율법으로는 바리새인이요 열심으로는 교회를 박해하고 율법의 의로는 흠이 없는 자라. 그러나 무엇이든지 내게 유익하던 것을 내가 그리스도를 위하여 다 해로 여길뿐더러 또한 모든 것을 해로 여김은 내 주 그리스도 예수를 아는 지식이 가장 고상하기 때문이라 내가 그를 위하여 모든 것을 잃어버리고 배설물로 여김은 그리스도를 얻고 그 안에서 발견되

기독교와 영의 세계

려 함이니 내가 가진 의는 율법에서 난 것이 아니요 오직 그리스도를 믿음으로 말미암은 것이니 곧 믿음으로 하나님께로부터 난 의라"(빌 3:5-9). 그러므로 하나님의 말씀과 다른 모든 것은 가치가 없는 것이요 배설물 같은 것이요 사단적인 것입니다.

7. 바울 사도는 복음과 일치하지 않는 지식을
   배설물로 여겼다

사도 바울은 자기의 모든 지식을 쓰레기처럼 여긴다고 했습니다. 이는 그리스도 예수를 아는 지식이 가장 고상하기 때문이라는 것입니다. 예수님의 말씀 외에 더 확실한 것이 없고 다른 모든 지식은 예수님의 진리의 말씀에 비하면 아무런 가치가 없다는 것입니다. 성경에 가장 정통한 사도바울도 성경의 가치를 이렇게 절대 진리로 평가하면서 자기가 가지고 있는 어떠한 지식도 결코 하나님의 말씀과 견줄 수 없다고 합니다.

귀신 쫓아내면서 귀신이 하는 말을 성경보다 더 소중히 여기고 귀신이 하는 말에 맞게 성경을 해석하고 그것을 신앙의 한 축으로 만들어 그렇게 하는 것이 최고의 능력 있는 그리스도인이 되는 것처럼 말하는 것은 하나님 앞에서 큰 죄를 짓는 것이요 사단적인 행위입니다. 이러한 행위에 대하여 예수님은 천국에 갈 수 없다고 말씀하셨습니다. "나더러 주여 주여 하는 자마다 다 천국에 들어갈 것이 아니요 다만 하늘에 계신 내 아버지의 뜻대로 행하는 자라야 들어가리라. 그 날에 많은 사람이 나더러 이르되 주여 주여 우리가 주의 이름으로 선지자 노릇 하며 주의 이름으로 귀신을 쫓아내며 주의 이름으로 많은 권능을 행하지 아니하였나이까 하리니 그때 내가 그들에게 밝히 말하되 내가 너희를 도무지 알지 못하니 불법을 행하는 자들아 내게서 떠나가라 하리라"(마 7:21-23). 죄를 지으면서 선지자 노릇하고 귀신 쫓아내면 지옥에 간다는 것입니다.

8. 성경 말씀대로 해야 귀신이 잘 나간다

불신자의 사후 영이 귀신이라고 해야 귀신이 잘 나가는 것이 아니요. 성경대로 해야 귀신이 잘 나가는 것입니다. 안 믿고 죽은 아버지에게 더럽다고 해야 하고, 어머니에게 더럽다고 해야 하며, 할머니에게 더럽다고 해야 하며, 할아버지에게 더럽다고 해야 한다고 주장하고 가르치는데 성경 어디에 그런 말이 나와 있습니까? 하나님은 사람과 사람과의 관계에 있어서는 맨 첫 번째 계명으로 "부모를 공경하라 하시고 그리하면 잘되고 장수한다"라고 하셨는데 부모를 잘 공경하는 최고의 효도 삶은 살아서 예수 잘 믿는 것입니다. 귀신의 말을 듣고 속아서 귀신의 말을 가르치는 것은 마귀의 종노릇 하는 것입니다.

기독교와 영의 세계

9. 예수 안 믿고 죽은 조상은 음부에서 후회하면서
   후손들이 예수 잘 믿기를 간절히 바라고 있다(눅 16:27-28)

　예수 안 믿고 죽은 부자가 음부에서 나사로를 보내서 세상 낙만 즐기고 예수 믿지 않은 형제들에게 자기가 고통받는 곳에 와 있으니 예수 잘 믿고 그곳에 오지 않게 전해주라고 간절히 부탁하고 있습니다.

　조상이 예수 안 믿고 죽었어도 세상 떠난 뒤에는 예수 안 믿고 마귀나 섬기며 자기만족을 위해서 살았던 삶을 후회하면서 자식들이라도 일가친척이라도 예수 잘 믿고 고통받는 곳에 오지 않기를 간절히 바라고 있는데, 죽은 자의 영혼이 귀신이 된다고 귀신이 가르쳐준 대로 해 놓고 죽은 귀신은 예수를 못 믿게 한다고 하니 예수 믿는 것은 조상과 원수가 되는 것이라고 가르치고 있는 것이며 죽은 조상과 원수가 되지 않기 위해서는 예수를 안 믿고 조상을 섬겨야 한다는 세상신들의 주장을 그대로 인정하는 것과 같습니다. 이것은 성경과 다른 것이며 마귀의 거짓을 진실하게 생각한 것입니다.

10. 불신자의 사후 영이 귀신이라는 주장은
   무속을 수용하는 것이다

　이것은 귀신 쫓고 병 고치는 것 같으나 실제로는 마귀의 가르침을 그대로 받아들여서 마귀가 이미 만들어 놓은 죽은 뒤의 영적 세계에 대하여 인정해 주므로 말미암아서 무당, 박수, 점쟁이들이 모두가 다 죽은 조상과 관계가 있으니 그들을 통하여 죽은 자와 통할 수 있다는 우상 숭배자들과 무속인들의 주장을 그대로 인정해 주는 것과 같은 결과를 가져오는 것입니다.

그러므로 마귀가 귀신을 통하여 속이고 영적인 세계가 마귀가 이미 만들어 놓은 거짓 지식대로 되어있는 것처럼 넣어주는 거짓 지식을 이용하여 하나님의 일을 더 성공적으로 할 수 있다는 잘못된 주장은 철회되고 추방되어야 할 것이며 베뢰아 측은 잘못을 시인하고 반드시 회개해야 할 것입니다. 비성경적인 지식과 신앙을 가지고 천국에 갈 수 없습니다. 비성경적인 주장과 믿음은 죄가 되기 때문입니다.

제14장
베뢰아의 귀신론

1. 베뢰아의 귀신론은 학문이나 학설이 될 수 없다

베뢰아 측은 그들이 주장하는 귀신론을 옹호하면서 이것은 신앙이거나 교리적인 것이 아니요, 학문적으로 봐달라는 말을 하고 있습니다. 그들의 주장을 받아들여서 학문적으로 본다고 생각을 해보고 논리적으로 점검해보고자 합니다. 먼저 모든 학문은 그 주장에 대한 입증자료가 있어야 하고 특정 분야에 대한 자료가 부족할 때 그 주장을 입증시킬 수 있는 자기만의 어떤 연구결과가 있어야 하고 그 연구결과는 제삼자의 검증에서 인정받을 수 있어야 합니다.

이 부분에 대하여 사도바울은 말하기를 "십사 년 후에 내가 바나바와 함께 디도를 데리고 다시 예루살렘에 올라갔나니 계시를 따라 올라가 내가 이방 가운데서 전파하는 복음을 그들에게 제시하되 유력한 자들에게 사사로이 한 것은 내가 달음질하는 것이나 달음질한 것이 헛되지 않게 하려 함이라"(갈 2:1-2).

이는 바울 같은 대 사도가 하나님으로부터 받은 계시에 대하여 이것은 내가 하나님으로부터 직접 받은 것이니 무조건 믿으라고 요구하지 않고 이미 그 이름이 알려진 유명한 인사들에게 사사로이 써서 보고했다는 것이며 이렇게 보고한 이유는 자기의 한 일이나 앞으로 할 일이 헛된 일이 되지 않게 하기 위해서 그렇게 한다는 말입니다.

이는 바울 사도가 자기의 체험이나 지식을 앞세워 자기가 전파하는 복음은 예수 님으로부터 직접 받은 계시이며 자기는 성경에 능통한 자이며 셋째 하늘에까지 다녀온 신비한 체험의 소유자이니 무조건 내가 하는 말을 믿으라고 하지 않고 이미 복음을 전파하는 일에 먼저 쓰임 받는 이들 혹은 복음의 깊이를 알고 있는 이들에게 사사로이 써서 평가받기를 원했다는 것이며 바울 사도가 이렇게 한 것은 자기가 열심히 목숨을 걸고 하는 복음 사역이 헛되지 않게 하기 위해서라고 말하고 있습니다.

2. 바울 사도는 뛰어난 학자이지만
성경을 초월한 주장은 하지 않았다

사도 바울은 학문적으로 대단한 경지에 있음을 바울은 말하고 있습니다. "가말리엘 문하에서 수학했으며 서기관 중의 서기관이요 바리새인 중의 바리새인이며 율법의 의로는 흠이 없는 자라" 라고 자신을 말하고 있습니다(빌 3:6, 행 23:6, 행 22:3).

이와 같은 바울도 자기가 전파한 복음을 정리하여 사사로이 제출하는 겸손함을 보면서 기름 부음 받은 주의 종이라면 마땅히 대선배인 사도 바울을 본받는 일에 인색함이 없어야 할 것입니다. 불신자의 사후 영이 귀신이요 귀신이 모든 병의 원인이라면 그 주장을 뒷받침할 수 있는 증거가 성경에 나와야 할 것입니다. 그러나 성경은 그것을 주장할 수 있는 증거는 찾을 수 없고 거꾸로 귀신은 불신자의 사후 영이 아니요 타락한 천사가 속이는 행위인 것이 성경적으로 증명되었습니다.

3. 불신자의 사후 영이 귀신이요 모든 병의 원인이
귀신이라는 주장은 허구이다

다음으로 모든 병의 원인이 귀신이라는 주장의 부당성을 지적하고자 합니다. 간단히 정리한다면 불신자의 사후 영이 귀신이요 모든 병의 원인이 귀신이라면 이 세상에는 귀신이 하나도 없어야 맞습니다. 그 까닭은 모든 병의 원인이 귀신이니 이 말은 귀신이 없을 때는 병의 원인이 없었으며, 따라서 병도 없었다는 결론을 내릴 수 있기 때문입니다. 하나님이 아담과 하와를 창조하시고 최초의 사람이 되게 하셨습니다. 그들은 범죄 하여 죄인이 되고 마귀의 종이 되었습니다. 그러나 그들은 세상에 살아 있었습니다.

그러므로 하나님이 사람을 만드시고 사람이 하나님께 불순종하여 죄인이 되었으나 그때에는 마귀와 그의 사자들만 있고 베뢰아 측의 주장대로 하면 귀신은 하나도 없었습니다. 그러므로 귀신이 없으므로 모든 병의 원인이 없었고 그러므로 사람은 병 들어서 죽을 이유도 없었습니다. 병들지 않고 계속해서 살 수가 있는 상태에 있는 것입니다. 이것이 베뢰아 측의 주장을 그대로 받아들일 때 정리하며 내릴 수 있는 결론입니다. 답이 분명하지 않습니까?

ㄱ 모든 병의 원인은 귀신이다.

ㄴ 불신자의 사후 영은 귀신이다.

ㄷ 그러므로 불신자가 죽기 전에는 귀신이 하나도 없었다.

ㄹ 귀신이 없으므로 사람은 병들고 죽게 하는 병의 원인도 없었다.

ㅁ 사람을 병들어 죽게 하는 병의 원인 귀신이 없으므로 병들 거나 죽는 것도 없었다.

ㅂ 그러므로 병의 원인인 귀신도 없고 병도 없으므로 귀신이 생길 이유도 없었다.

ㅅ 그러므로 귀신도 없고 병도 없다.

4. 귀신의 정체에 대한 귀납법적 결론

이것이 베뢰아 측의 주장대로 추론한 병과 귀신에 대한 결론입니다. 그런데 예수님 당시에 귀신이 있었고 예수님이 죄 사하시고 귀신을 쫓아내므로 병이 떠나가고 건강해졌습니다. 왜 이렇게 된 것입니까? 그것은 귀신의 정체가 베뢰아 사람의 주장처럼 불신자의 사후 영이 아니고 타락한 천사장 사탄, 마귀의 졸개들인 죽은 영 더러운 영 세상 신인 귀신들이기 때문입니다.

이렇게 정리하면 병의 원인이 귀신이라는 말이 성경적으로 증명이 될 수 있습니다. 이사야 8장 19절을 보면 "어떤 사람이 너희에게 말하기를 주절거리며 속살거리는 신접한 자와 마술사에게 물으라 하거든 백성이 자기 하나님께 구할 것이 아니냐 산 자를 위하여 죽은 자에게 구하겠느냐 하라" 라는 말씀을 들어서 점쟁이들에게 신접한 것은 죽은 자에게 구하겠느냐 하라 했으니 이것은 죽은 사람의 영인 귀신이 사람에게 들어가서 점쟁이가 된 것이라고 주장을 합니다.

그러나 이러한 주장은 점쟁이들의 체험과 주장을 그대로 받아들인 내용으로서 마귀에게 속은 결과이지 참고할만한 생각해볼 가치도 없는 것입니다. 죽은 사람이 귀신이 되어 나와서 죽은 사람의 목소리를 내고 죽은 사람의 과거 사정을 소상히 다 알고 있는데 그것을 어찌 아니라고 할 수 있었냐 그것은 하나의 현상으로서 부정할 것이 못 된다고 주장합니다.

그러나 이것은 하나님이 하신 절대 진리의 말씀을 외면하고 세상 신 귀신이 주는 말을 그대로 받아들여서 귀신이 하는 말들이 거짓이 아니라 진실이라는 것을 전제로 내려진 결론입니다. 그렇다면 과연 하나님의 말씀과 다른 세상 신의 말이 진실하고 하나님의 말씀이 거짓된 것인가 결코 절대로 그렇지 아니합니다.

5. 한 사람이 두 주인을 섬길 수 없다

하나님의 말씀을 진실하다고 믿지 아니하고 귀신의 말을 사실이요 진실하다고 받아들인다면 그가 예수 믿는 사람이라고 하더라도 그는 또 다른 세상 신을 받아들이고 있는 것이며 하나님의 말씀을 진리로 믿는다고 하면서 거짓말쟁이 귀신의 말을 같이 믿는다면 이는 예수 믿는 사람이라고 할 수 없다는 것입니다.

그 까닭은 하나님 말씀하시기를 "한사람이 두 주인을 섬길 수 없다"라고 하시고, "너희가 하나님의 상과 귀신의 상에 겸하여 참여할 수 없다"라고 확실히 하셨기 때문입니다. 예수 믿는다고 하면서 하나님의 말씀을 초월하여 예수를 믿고, 하나님을 섬길 수 있다고 생각하는 것은 생각 그 자체가 근본적으로 잘못된 것이며 하나님의 말씀을 부인하고 하나님의 원수 마귀와 귀신의 말을 사실로 받아들이고도 하나님을 섬길 수 있다는 잘못된 생각의 착각 속에 깊이 빠지게 되는 것입니다. 그러면 불신자의 사후 영이 귀신이 아니요 타락한 천사들이 귀신이라는 사실을 어떻게 성경적으로 입증할 것인가 정리해 보이겠습니다.

기독교와 영의 세계

6. 베뢰아 측의 잘못된 결론은 잘못된 기준에 의하여
성경을 봤기 때문이다

측량기사가 측량할 때 맨 먼저 정하는 것이 기준점입니다. 이는 측량을 하는 데 있어서 기준점을 어디에 두고 어떻게 거리와 면적을 계산할 것인가를 결정하는 것입니다. 그리스도인들이 하나님의 말씀을 해석할 때에도 해석의 기준과 근거를 어디에 둘 것인가를 먼저 결정하고 그 결정에서 이탈하지 않은 해석을 하고 내용을 파악하며 삶에 적용해야 합니다.

가장 중요한 기준은 해석을 하나님의 말씀과 상통하게 하나님의 말씀에 맞게 할 것인가 아니면 세상 신의 가르침과 사람의 생활체험에 맞게 할 것인가를 먼저 결정해야 합니다. 해석의 기준을 어디에 두느냐에 따라서 결론이 달라지는 것은 측량의 기준점을 어디에 두느냐에 따라서 선의 길이가 달라질 수 있고 땅의 면적이 달라질 수 있는 것과 같은 이치입니다.

해석의 근거를 베뢰아 측은 사람의 육체의 죽음에 두는 것입니다. "죽은 자에게 제사한 음식을 먹어"(시 106:28)라든가 "주절거리며 속살거리는 신접한 자와 마술사에게 물으라"라고 하거든 "백성이 자기 하나님께 구할 것이 아니냐 산자를 위하여 죽은 자에게 구하겠느냐 하라"(사 8:19) 라는 말씀을 해석할 때 봐라 '죽은 자'라고 나와 있지 않으냐고 말합니다. '죽은 자'란 죽은 신 하나님을 대적한 마귀와 그 하속들에 관한 것이며, 죽은 사람에 관한 것이 아닙니다.

7. 성경의 죽은 자란 죽은 신 사단,
   마귀를 의미하는 것이다

앞에서 증명한 바와 같이 성경이 쓰일 당시에는 역사적으로 제사 제도 자체가 없었다는 것입니다. 제사 제도가 시작된 것은 서기 1200년 송나라 때에 중국의 주희에 의해서 처음 시작되었으며 그 후 한국에서는 조선 개국 이후 1400년경에 2대 정조에 의해서 국가적으로 민심을 추스르기 위한 정치적 목적으로 시행되었으며 그 외의 다른 지역에서는 죽은 자에게 제사 지내는 의식 자체가 세계 어느 곳에도 없었다는 것이며 특별히 중동지역에서는 제사 제도의 흔적 자체가 없는 것입니다.

그런데도 성경의 제사 제도를 오늘날 한국의 풍습에 맞게 해석하는 것은 성경해석을 베뢰아 측의 귀신론을 정당화하기 위한 궁여지책에 불과한 것이지 성경이 말하고자 하는 하나님의 뜻과는 전혀 의미가 다르다는 것입니다. 성경이 말한 '죽은 자'란 생명의 신이신 하나님을 대적하므로 말미암아 사망의 신이 된 마귀를 가리켜하는 말입니다. 그러므로 성경은 말하기를 "자녀들은 혈과 육에 속하였으매 그도 또한 같은 모양으로 혈과 육을 함께 지니심은 죽음을 통하여 죽음의 세력을 잡은 자 곧 마귀를 멸하시며 또 죽기를 무서워하므로 한평생 매여 종 노릇 하는 모든 자들을 놓아 주려 하심이니 이는 확실히 천사들을 붙들어 주려 하심이 아니요 오직 아브라함의 자손을 붙들어 주려 하심이라"(히 2:14-16).

이 말씀의 의미는 하나님의 아들 예수님이 사람의 몸을 입고 세상에 오심은 천사들을 위해서 오신 것이 아니요 사망의 세력을 잡은 마귀를 없이 해서 마귀의 종노릇 하는 자들을 구원하며 믿음의 사람들로 하나님이 약속하신 은혜와 복을 받게 하려고 하나님의 아들 예수님이 사람의 몸을 입고 이 땅에 오셨다는 것을 말하고 있습니다.

이 말씀은 하나님이 아들 예수님을 보내서 대속 제물로 십자가에 매달려 몸 찢고 피 흘려 죽게 하신 이유를 분명하게 말씀하고 계시며, 따라서 믿는 자들이 성경을 보고 예수를 믿을 때 그 기준을 어디에 둬야 하느냐에 대한 기준을 제시하고 있음을 알아야 합니다. 이는 성경을 볼 때 영적인 기준을 가지고 봐야 하며 세상에 나타나는 여러 현상들에 맞춰서 해석할 것이 아니요, 하나님의 말씀에 맞춰서 해석해야 한다는 것입니다.

8. 죽은 자란 사람 죽은 것과 아무 관계가 없다

이 말씀에 근거하여 보면 죽은 자란 사망의 신을 말하는 것이며 사망의 신이란 마귀와 그의 사자들 귀신의 세력들을 말하는 것입니다. 따라서 귀신이란 죽은 자이며 죽은 자란 사망의 신이며 사망의 신이란 생명의 신인 하나님을 대적하므로 말미암아 사망의 신이 된 마귀와 사단 그의 졸개들인 귀신을 말하는 것이요 사람 죽은 것과는 아무 관계가 없다는 것입니다.

그러므로 시 106편 26절의 "죽은 자에게 제사한 음식을 먹어" 라는 사망의 신 마귀에게 제사한 음식을 먹는 것을 말하는 것이며, "신접한 자와 마술사에게 물으라 하거든 산자를 위하여 죽은 자에게 구하겠느냐" 라는 말씀에서의 죽은 자란 사람 죽은 것을 말하는 것이 아니요, 사망의 신인 마귀와 그의 사자를 말하는 것입니다. 죽은 자를 사람 죽은 것으로 해석하는 것은 성경을 영적으로 해석하지 않고 육적으로 해석한 결과로 잘못된 것입니다.

9. 마귀에게 속게 되는 이유

성경 해석을 하나님의 말씀에 근거하여 하지 않고 사람의 체험과 나타나는 현상을 따라서 하면 하나님의 본래의 뜻과 다른 해석을 할 수 있고, 그 결과로 마귀에게 속게 되고 귀신의 가르침을 받게 되며 입으로는 주여! 주여! 하면서 행위로는 하나님을 거역하고 마귀의 종노릇하는 잘못된 결과를 가져올 수 있는 것입니다.

따라서 불신자의 사후 영이 귀신이며 귀신은 모든 병의 원인이라는 것은 논리적으로 부정될 뿐 아니라 성경에 아무런 증거가 없는 것이니 이러한 주장은 반드시 부정되어야 할 것이며 학문이 될 수 없습니다.

10. 확실한 귀신의 정체 - 무엇이 귀신인가?

불신자 사후의 영이 귀신이 아니요, 성경의 증거에 의해서 하나님을 대적하므로 사망의 세력을 가진 사단과 마귀와 뱀과 용의 세력이 귀신이며 이것들에 의해서 사람에게 죄와 병이 생긴다고 하면 그 주장은 논리적으로 입증이 가능한 것이며 성경적이라고 할 수 있을 것입니다. 그렇다면 다음 단계로 풀어야 할 숙제가 있습니다. 무당, 점쟁이들에게 나타나서 죽은 자의 이름을 대며 죽은 자의 흉내를 내고 죽은 아무개라고 주장하는 귀신들은 어떻게 해서 그렇게 되느냐 하는 것입니다. 요즈음 무당과 점쟁이만 죽은 사람이 귀신 되어 나타난다고 하는 것이 아니라 대순진리회라는 사교 집단에서는 노골적으로 죽은 조상 아무개가 귀신이 되어 좋은 곳으로 가지 못해서 자손들에게 문제가 있으니 좋은 곳으로 보내기 위한 제사를 지내야 한다고 하면서 제사 비용을 받아내고 사람들을 매일 밤 지내는 제사에 참여케 하고 신접하는 방법을 가르치므로 말미암아서 사회적으로 많은 문제를 일으키고 있는 것입니다.

심지어는 기독교인들까지도 이 사람들에게 붙들리면 그 말에 속아서 당하는 경우가 매우 흔하게 나타나고 있는 것입니다. 그렇다면 살아 있는 사람들에게 죽은 사람의 모습으로 나타난 이 귀신의 정체는 무엇이며 어떻게 그렇게 될 수 있을까요?

11. 귀신들려서 점쟁이가 된 젊은 각시의 예

젊은 각시에게 귀신이 들려서 계속해서 점상을 받으라고 하면서 점상만 받으면 호강시켜주고 부자 만들어주겠다고 하므로 계속해서 귀신에게 시달리던 젊은 각시는 남편과 상의하여 점상을 받기로 하고 점쟁이가 가르쳐준 대로 여러 무당을 데려다가 강신굿을 크게 했습니다.

이 젊은 각시에게 들린 귀신은 시아버지와 시어머니 귀신이라고 합니다. 이 각시의 남편은 형제 중에서 막둥이인데 큰 굿을 한다고 하니 형제들이 모두 모여서 굿에 동참하게 되었는데 그렇게 한 것은 점쟁이의 말이 형제가 다 모여서 시부모 강신굿에 동참하여 생전에 모든 잘못을 빌고 용서를 받아야 앞으로의 삶 중에 어려움이 없고 형통한 결과가 온다고 하니 형제가 굿판에 다 모였습니다.

굿을 한참 진행하여 젊은 각시에게 신이 들어왔는데 갑자기 큰소리로 시아버지의 목소리를 내면서 자기의 시댁 형님 되는 분들에게 네 이놈 무릎을 꿇으라고 어른의 목소리로 호통을 치니 젊은 각시에게 시댁 형님과 형수님들이 모두 무릎을 꿇고 잘못했다고 빌고 하여 모든 얽힌 고리들을 풀고 귀신이 임재해서 점상을 받게 되었다고 합니다.

그런데 영적인 세계라고 하는 것이 참으로 묘해서 귀신의 세력들이 지역 단위로 조직이 있고 조직의 책임자 귀신이 있어서 그 귀신들에게 일일이 신고식을 다하고 승낙을 받은 후에야 그 지역의 점쟁이가 되고 이후에 점쟁이의 깃발을 세울 수 있다는 것입니다. 그러므로

기독교와 영의 세계

사람들이 볼 때 점쟁이가 시시하게 보이지만 그들은 그들 중심의 대단한 자부심과 긍지가 있는 것입니다.

자기 속에 다른 신이 들어와 그 신과 교제하고 대화하며 그 신에게 물어보면 가르쳐주고 그러므로 다른 사람의 삶에 대하여 알 수 있고, 그 허가를 받기 위해서 세상 관청의 허가를 받은 것이 아니요, 영계조직의 지역책임자 신을 만나서 그 신에게 허락을 받고 점쟁이 깃대를 세우고 하니, 세상 사람들이 보기에는 시시하게 보여도 그들은 세상 사람이 모르는 신과 접하여 그 신으로부터 배우고 영계의 조직 속에 가담하여 다른 수많은 신과 협력하여 그들의 도움을 받는다고 생각하니 대단한 자부심과 긍지를 가지게 되는 것입니다.

12. 매일 밤 조상신에게 제사하는 대순진리회

대순진리회는 매일 밤 제사를 지내고 제사 음식을 먹고 빌면 신이 임해서 다른 사람의 지난 세월의 삶을 그 속의 귀신이 가르쳐준다는 것입니다. 사람들이 대순진리회에 쉬이 빠지는 이유가 무엇인고? 하니 길 가다가 대순진리회 전도인을 만나면 표정이 안 좋다! 액이 끼었다! 하면서 앞으로 문제를 막아줄 수 있는데 잠시 가서 얘기 좀 들어보지 않겠느냐고 하여 같이 가보면 귀신들린 왕 점쟁이가 지나간 세월의 모든 일을 다 말해준다는 것입니다. 처음 만난 사람이 지나간 일들을 다 말해주면 정신이 빠져서 그다음부터 시키는 대로 하게 된다는 것입니다.

대순진리회에서도 이렇게 가르쳐주는 귀신을 사람 죽은 자가 되는 귀신이라고 하고 무당, 점쟁이들도 사람 속에 들어온 귀신들이 시아버지, 시어머니 혹은 그 외에 죽은 아무개 신 이렇게 하니 한결같이 하는 생각이 죽은 사람이 귀신이 됐다는 것에 대하여 나타나는 현상을 보고 의심 없이 받아들이고 시인을 한다는 것입니다.

13. 죽은 아무개의 귀신이라고 하는
그 귀신의 정체는 무엇인가?

그러면 죽은 아무개라고 나타나서 그 사람의 흉내를 내고 그 사람의 말투와 목소리를 내고 그 사람의 지난 과거를 다 알고 있으며 죽은 아무개라고 주장하는 이들의 정체를 어떻게 규명할 것인가 하는 것입니다. 의사가 질병을 진단할 때에 먼저 시료를 채취하여 검사합니다. 병원에 검진받으러 가는 환자들의 말을 들어보면 제일 많이 불평하는 것이 피를 많이 **빼간다**는 것입니다.

그러나 그것이 아무리 불만스러워도 피 **빼는** 것을 거부하게 되면 건강상태를 체크 할 방법이 없습니다. 병원은 피를 검사하기 위해서 반드시 공인된 검사장비가 꼭 있어야 합니다. 아무리 유능한 의사라도 장비를 사용하지 않고 내가 피를 보니까 어떤 것 같다고 말하지 않습니다. 검사장비에 넣어서 검사규칙에 따른 절차를 거친 후에 피의

기독교와 영의 세계

상태를 평가할 수가 있는 것입니다.

그리스도인들이 영적인 세계의 상태를 확실히 진단하기 원하면 반드시 생명의 말씀으로 비춰봐야 어둠 속의 실체가 드러납니다. 말씀의 거울로 비춰보지 않고 말씀의 용광로를 통과시키지 않은 채 자기의 경험과 자기의 지식으로 영적인 세계의 비밀을 알려고 하면 시작부터 잘못된 것입니다. 불신자의 사후 영은 음부에 갇혀 있는데 죽은 아무개라고 주장하며 죽은 자를 가장하는 귀신은 그 사람 속에 들어가서 그 사람을 죽게 한 귀신이 그 사람이라고 속이고 주장하는 것입니다. 이 귀신은 타락한 천사 마귀의 종 귀신이므로 예수님이 마귀와 귀신을 동일시하신 것입니다.

귀신이 그 사람 속에 들어가 오랫동안 살면서 그 사람을 죽게 하고, 그 사람의 영혼은 죽어서 음부에 갇혀 있는데 그 귀신은 세상에 남아서 죽은 사람이 귀신이 된다고 하고 그 사람 행세를 하면서 사람을 속이는 것입니다. 귀신은 죽은 사람의 영혼이 아니고 마귀의 사자이며 타락한 천사입니다.

14. 말씀과 일치하지 않는 결론은 잘못된 것이다

더 큰 문제는 거짓말쟁이들의 말을 진실하게 받아들이고 거짓말쟁이들의 말에 근거하여 하나님의 말씀과 다른 결론을 내리면 그때부터는 거짓말쟁이 신에게 속아서 거짓말쟁이의 종이 되는 결과를 가져오게 됩니다.

이것은 하나님이 가장 싫어하시는 것이요 마귀가 제일 좋아하는 결과입니다. 그다음부터는 혼란에 빠져서 혼란스러운 말을 하기 시작하고 복음 전체가 무질서와 혼란 속에 빠지게 되는 것입니다. 성경 어디에도 근거가 없는 귀신의 말에 의하여 불신자의 사후 영이 귀신이라는 주장은 비성경적이며 마귀의 거짓말에 속는 잘못된 것입니다. 마귀의 종이 되고 자식이 되는 것입니다.

15. 베뢰아 측의 잘못된 해석의 핵심인 하나님의 의도

베뢰아 측의 주장을 보면 '하나님의 의도'에서 하나님이 사람을 창조하신 것은 마귀를 진멸하고, 하나님의 보좌를 아들에게 물려주시기 위해서 사람을 창조했으며, 그러므로 하나님이 만들어 놓으시고 먹지 말라고 하신 선악과를 먹어야 하나님의 계획이 이루어지는 것이며, 마귀는 진멸되고 예수님은 하늘 보좌를 유업으로 받게 된다고 합니다. 이러한 성경해석이야말로 존귀하신 하나님을 거짓말쟁이 마귀와 똑같이 만들고 마는 실로 잘못된 성경해석이라고 하지 않을 수 없습니다. 이들의 주장을 요약 정리해보면

㉠ 하나님이 사람을 만드셨다.
㉡ 하나님이 사람을 만드신 것은 마귀를 진멸하는데 필요한 도구

로 쓰기 위해서이다.

ⓒ 사람이 하나님의 창조 목적에 맞게 쓰임 받기 위해서는 죄를 지어야 한다.

ⓔ 하나님은 사람이 죄를 짓게 하려고 선악과 나무를 만드셨다.

ⓜ 하나님은 사람을 죄인 만들기 위해서 선악과의 열매를 먹지 말라고 하셨다.

ⓗ 그러나 하나님은 사람이 하나님의 창조 목적에 맞게 쓰임 받기 위해서는 죄를 지어야만 했고 그러므로 하나님은 사람이 죄 짓기 원하셨다.

ⓢ 사람이 죄를 지으므로 말미암아 하나님의 창조 목적에 맞게 행동했으며 하늘 보좌를 유업으로 받기 위한 예수의 죽음이 결정되었다.

ⓞ 하나님은 사람이 하나님의 목적에 맞게 사용된 대가로 천국에서의 영생을 주셨다.

베뢰아 측은 이런 식으로 하나님의 의도를 정리하고 있으며 이렇게 알아야 하나님을 바로 아는 것이며 이와 다르게 아는 것은 하나님을 잘못 아는 것으로 결론을 내리고 있습니다.

제15장
베뢰아 측 주장의 오류

베뢰아 측의 주장을 검토해 보기로 합니다.

1. 하나님은 사랑

먼저, 성경을 보면 하나님은 사랑이라고 하십니다(요일 4:8). "사랑하는 자들아 우리가 서로 사랑하자 사랑은 하나님께 속한 것이니 사랑하는 자마다 하나님으로부터 나서 하나님을 알고 사랑하지 아니하는 자는 하나님을 알지 못하나니 이는 하나님은 사랑이심이라"(요일 4:7-8). "하나님의 사랑이 우리에게 이렇게 나타난 바 되었으니 하나님이 자기의 독생자를 세상에 보내심은 그로 말미암아 우리를 살리려 하심이라"(요일 4:9). "사랑은 여기 있으니 우리가 하나님을 사랑한 것이 아니요 하나님이 우리를 사랑하사 우리 죄를 속하기 위하여 화목 제물로

기독교와 영의 세계

그 아들을 보내셨음이라. 사랑하는 자들아 하나님이 이같이 우리를 사랑하셨은즉 우리도 서로 사랑하는 것이 마땅하도다"(요일 4:10-11). 베뢰아 사람은 하나님의 사랑을 부정하며 인본주의라고 합니다.

2. 예수님을 보내신 것은 우리를 살리기 위해서(요일 4:9)

성경은 이처럼 하나님이 그 아들을 세상에 보내신 목적을 분명하게 말하고 있습니다. 먼저 하나님은 사랑이라 하시고(요일 4:8), 하나님의 사랑이 이렇게 우리에게 나타난 바 되었으니 하나님이 자기의 독생자를 세상에 보내심은 저로 말미암아 우리를 살리려 하심이라(요일 4:9). 이는 하나님이 아들 예수님을 세상에 보내신 것은 하나님의 사랑을 보여주신 것이며 하나님의 사랑을 보여주신 목적은 그 아들 예수로 말미암아서 죄로 말미암아 마귀의 종노릇 하는 멸망 받을 영혼을 살려주기 위해서라고 분명하게 말씀하고 있는 것입니다.

베뢰아는 하나님의 이 말씀을 인본주의라고 합니다.

3. 요일 3장 8절은 우리를 살리기 위한
   하나님의 계획을 이루는 방법 중의 하나

그런데 베뢰아 측은 요한일서 3장 8절의 말씀 "죄를 짓는 자는 마귀에게 속하나니 마귀는 처음부터 범죄함이라 하나님의 아들이 나타나신 것은 마귀의 일을 멸하려 하심이라"라고 하신 말씀을 들어서 하나님의 아들 예수님이 오신 목적은 마귀 진멸에 있다고 주장을 하면서 "하나님이 세상을 이처럼 사랑하사 독생자를 주셨으니 이는 그를 믿는 자마다 멸망하지 않고 영생을 얻게 하려 하심이라"(요 3:16)라고 하신 말씀을 인본주의라 하고, 요일 3장 8절의 말씀 "죄를 짓는 자는 마귀에게 속하나니 마귀는 처음부터 범죄 함이니라 하나님의 아들이 나타나신 것은 마귀의 일을 멸하려 하심이라" 라는 말씀을 신본주의라 하여 인본주의 신앙으로는 하나님을 바로 알 수 없으니 신본주의 신앙을 가져야 한다고 주장을 하면서 하나님의 말씀이 어떤 곳에서는 인본주의를 가르치고 어떤 곳에서는 신본주의를 가르치고 있는데 둘 중의 하나를 선택을 잘해야 하는 것처럼 호도하면서 베뢰아 측의 주장을 따르는 것이 올바른 신앙이며 하나님을 바로 아는 것처럼 주장합니다. 그러나 이것은 성경에 대한 이해가 잘못된 것으로서 그 이유는 말씀 중심의 신앙이 아니요, 체험 중심의 신앙을 말씀보다 위에 올려놓은 것입니다.

먼저 하나님의 말씀을 가지고 인본주의와 신본주의로 구별하는 것부터 잘못된 것입니다. 성경은 처음부터 하나님의 뜻대로 살라고 하나님이 진실하게 말씀하셨습니다. 그런데 베뢰아 측은 자기의 체험 위주로 성경을 해석하면서 체험의 중심에 귀신을 두고 귀신이 하는 말을 사실로 인정하는 것을 전제로 하여 그것을 합리화시키는 눈으로 성경을 보며 그것을 합리화시키는 방향으로 성경을 해석함으로 말미

기독교와 영의 세계

암아서 하나님의 의도라고 하면서 하나님의 의도와는 상반된 주장을 내놓고 그것이 옳다고 강조하는 것입니다. 요한일서 3장 8절은 우리를 살리기 위한 하나님의 계획을 이루는 방법의 하나입니다.

4. 인본주의와 신본주의 구별은 잘못된 것

먼저 베뢰아 측이 주장하는 인본주의와 신본주의의 기둥이 되는 요한복음 3장 16절과 요한일서 3장 8절의 말씀을 규명해 보고자 합니다. "하나님이 세상을 이처럼 사랑하사 독생자를 주셨으니 이는 그를 믿는 자마다 멸망하지 않고 영생을 얻게 하려 하심이라. "이 말씀을 구체적으로 정리하면 하나님이 세상을 사랑하시고 독생자 예수님을 세상에 보내주신 것은 죄로 말미암아 마귀의 종노릇 하다가 지옥에 가서 영원히 멸망할 수밖에 없는 사람을 예수를 믿음으로 말미암아 죄 사함을 받아 마귀의 종살이에서 해방을 받아 지옥에 가서 영원한 멸망의 고통을 받지 아니하고 하나님을 아버지라 부를 수 있는 하나님의 자녀가 되어 영원히 아버지 집에서 살 수 있게 하려고 하나님의 아들을 세상에 보내주셨다는 것입니다.

이를 보다 구체적으로 말하면 하나님이 하나님의 아들을 죄 없는 사람의 몸으로 동정녀 마리아의 태중에 성령으로 잉태하게 하사 이세상에서 유일하게 죄 없는 사람이 되어 온 세상 죄를 대신 지고 죽게 하심은 죄로 말미암아 마귀의 종노릇 하다가 지옥에서 영원히 망할 수밖에 없는 사람을 죄 사함을 받고 영생을 얻어서 천국에서 하나님의 자녀로 하나님과 함께 영원히 살 수 있는 길을 열어놓으시기 위해서 하나님의 아들이 예수라는 자기 백성을 저희 죄에서 구원할 이름을 가지고 말씀이 육신이 되고 동정녀 마리아의 태중에 성령으로 잉태하사 죄 없는 하나님이(요 1:18) 죄 없는 사람의 모습으로 세상에 오셔서 하나님의 뜻에 따라 십자가에 매달려 죽기까지 복종하신 것입니다(빌 2:7-8). 그러므로 예수를 믿고 구원을 받으면 영생을 얻게 됩니다.

그리스도인들이 영생을 얻어 구원의 삶을 살다가 천국 가기 위해서는 예수님과 믿음과 구원과 영생에 대해서 그 의미를 바로 알고 마음속에 정리하여 믿고 삶에 적용하므로 말미암아서 하나님의 약속하신 은혜에 들어가고 복을 받으며 천국에서 영생하게 되는 것입니다. 하나님은 사랑이시오, 요한복음 3장 16절은 신본주의이며 요한일서 3장 8절은 사랑을 온전케 하는 방법입니다.

5. 예수님은 하나님의 아들

첫 번째로 예수님은 어떤 분이신가요? 예수님은 하나님의 아들이시요 하나님이시라고 했습니다. 이는 예수님이 요단강에서 침례를 받으실 때 성령이 비둘기같이 예수님에게 임할 때 하늘에서 소리가 있어 하나님 말씀하시기를"이는 내 사랑하는 아들이요 내 기뻐하는 자라 하시니라"(마 3:17). 또한, 성경은 기록하기를 "본래 하나님을 본 사람이 없으되 아버지 품 속에 있는 독생하신 하나님이 나타내셨느니라"(요 1:18).

기독교와 영의 세계

그러므로 예수님은 하나님의 아들이시요 독생하신 하나님이십니다. 또한, 예수님은 죄 없는 사람이십니다. 하나님은 본래 죄 없는 사람을 만들어 놓으셨으나 사람이 하나님의 말씀에 불순종하여 죄를 지으므로 말미암아 죄의 조상이 되고 모든 사람이 다 죄인이 되었으며 그러므로 세상에는 한 사람의 의인도 없는 죄인의 세상이 되고 망하게 되었습니다. 그러므로 성경은 말하기를 "한 사람으로 말미암아 죄가 세상에 들어오고 죄로 말미암아 사망이 들어왔나니 이와 같이 모든 사람이 죄를 지었으므로 사망이 모든 사람에게 이르렀느니라"(롬 5:12). 하나님이 하나님의 형상과 모양을 따라 하나님처럼 만드시고(창 1:26) 그 코에 생기를 불어넣어서 하나님과 화목하고 하나님과 신령한 교제를 이루며 행복하게 만들어 놓으신 사람이(창 2:8) 하나님의 말씀에 불순종하므로 말미암아서 죄의 아비인 마귀의 종이 되어 어둠 속에서 죄악을 먹고 마시며 분별없는 삶으로 지옥 불을 향하여 가고 있을 때 하나님이 이들을 불쌍히 여기시고 죄 없는 하나님의 아들을 죄 없는 사람으로 보내신 것입니다.

6. 예수님은 죄 없는 사람

하나님은 하나님의 아들을 죄 없는 사람으로 보내기 위해서 의로운 사람 요셉과 정혼한 처녀 마리아를 택하시고 마리아에게 천사를 보내서 성령으로 잉태하여 나게 하신 것입니다. 이에 대한 누가복음

1장의 말씀을 보면 "여섯째 달에 천사 가브리엘이 하나님의 보내심을 받아 갈릴리 나사렛이란 동네에 가서(26) 다윗의 자손 요셉이라 하는 사람과 약혼한 처녀에게 이르니 그 처녀의 이름은 마리아라(27) 그에게 들어가 이르되 은혜를 받은 자여 평안할지어다. 주께서 너와 함께 하시도다 하니(28) 처녀가 그 말을 듣고 놀라 이런 인사가 어찌함인가 생각하매(29) 천사가 이르되 마리아여 무서워하지 말라. 네가 하나님께 은혜를 입었느니라(30). 보라 네가 잉태하여 아들을 낳으리니 그 이름을 예수라 하라. 그가 큰 자가 되고 지극히 높으신 이의 아들이라 일컬어질 것이요. 주 하나님께서 그 조상 다윗의 왕위를 그에게 주시리니(31, 32) 영원히 야곱의 집을 왕으로 다스리실 것이며 그 나라가 무궁하리라(33). 마리아가 천사에게 말하되 나는 남자를 알지 못하니 어찌 이 일이 있으리이까(34). 천사가 대답하여 이르되 성령이 네게 임하시고 지극히 높으신 이의 능력이 너를 덮으시리니 이러므로 나실 바 거룩한 이는 하나님의 아들이라 일컬어지리라(35). 보라 네 친족 엘리사벳도 늙어서 아들을 배었느니라. 본래 임신하지 못한다고 알려진 이가 이미 여섯 달이 되었나니(36) 대저 하나님의 모든 말씀은 능하지 못하심이 없느니라(37). 마리아가 이르되 주의 여종이오니 말씀대로 내게 이루어지이다 하매 천사가 떠나가니라"(눅 1:26-38). 이 내용은 동정녀 마리아에게 하나님이 보내신 가브리엘 천사가 나타나서 하나님의 아들이 잉태될 것을 알려주니 마리아가 믿음으로 받아들일 때 마리아의 태중에 하나님 성령의 죄 없는 사람으로 잉태되신 내용을 정리하여 기록하고 있습니다.

기독교와 영의 세계

이에 대하여 마리아와 정혼한 요셉에 대해서는 마태복음 1장에 이렇게 기록하고 있습니다. "예수 그리스도의 나심은 이러하니라 그의 어머니 마리아가 요셉과 약혼하고 동거하기 전에 성령으로 잉태된 것이 나타났더니(18) 그의 남편 요셉은 의로운 사람이라 그를 드러내지 아니하고 가만히 끊고자 하여(19) 이 일을 생각할 때에 주의 사자가 현몽하여 이르되 다윗의 자손 요셉아 네 아내 마리아 데려오기를 무서워하지 말라. 그에게 잉태된 자는 성령으로 된 것이라(20)"라고 하셨습니다. 그러므로 예수님은 세상에 아버지가 없는 하나님의 아들이시오 죄 없는 사람입니다.

7. 예수님은 구세주

"아들을 낳으리니 이름을 예수라 하라 이는 그가 자기 백성을 그들의 죄에서 구원할 자이심이라 하니라"(마 1:21). 이는 예수님이 이 세상에 오심은 하나님이 이 세상 사람을 버리지 않고 사랑하시는 하나님의 계획에 의하여 의로운 사람 요셉과 정혼한 믿음의 처녀 마리아를 택하시고 하나님의 계획을 천사 가브리엘을 통하여 마리아에게 알리시니 마리아가 이를 순종함으로 수용하였고 마리아와 정혼하였으나 동거하지 않고 따로 사는 장래의 남편 요셉에게 알려주니 요셉은 마리아의 배가 불러오는 것을 보고 가만히 정리해 버리려고 마음먹고 있었는데 천사를 통하여 마리아의 태중에 잉태된 생명이 사람의 자식이 아닌 하나님의 아들이심을 믿음으로 받아서 잉태된 마리아를 집으로 맞아들입니다.

8. 예수님은 역사 속에 오셨다

하나님이 로마 황제의 마음을 주장하사 호적령을 내리니 요셉과 마리아가 갈릴리 나사렛에 살다가 베들레헴으로 가서 아들을 낳게 된다는 것입니다. 성경은 이에 대하여 기록하기를 "그 때에 가이사 아구스도가 영을 내려 천하로 다 호적하라 하였으니(1) 이 호적은 구레뇨가 수리아 총독이 되었을 때에 처음 한 것이라(2). 모든 사람이 호적하러 각각 고향으로 돌아가매(3) 요셉도 다윗의 집 족속이므로 갈릴리 나사렛 동네에서 유대를 향하여 베들레헴이라 하는 다윗의 동네로(4) 그 약혼한 마리아와 함께 호적하러 올라가니 마리아가 이미 잉태하였더라(5). 거기 있을 그 때에 해산할 날이 차서(6) 첫아들을 낳아 강보로 싸서 구유에 뉘었으니 이는 여관에 있을 곳이 없음이러라"(눅 2:1-7). 이러므로 예수님은 로마 황제 가이사 아구스도 때에 역사 속에 오신 구세주이십니다.

9. 산 떡으로 오신 예수님

예수그리스도는 산 떡으로 오신 분이십니다. 이에 대하여 예수님

은 이렇게 말씀하십니다. 요한복음 6장에 "내가 곧 생명의 떡이니라
(48). 너희 조상들은 광야에서 만나를 먹었어도 죽었거니와(49) 이는 하
늘에서 내려오는 떡이니 사람으로 하여금 먹고 죽지 아니하게 하는
것이니라(50). 나는 하늘에서 내려온 살아 있는 떡이니 사람이 이 떡을
먹으면 영생하리라. 내가 줄 떡은 곧 세상의 생명을 위한 내 살이니라
하시니라"(요 6:48-51).

10. 유대 땅 베들레헴에 나신 예수님

예수님은 생명의 떡으로 세상에 오셨고 그러므로 예수님은 베들레
헴에서 나셔야 했습니다. 베들레헴이라는 말은 우리말로 떡집이라는
의미이기 때문입니다. 또 예수님의 나심이 역사와 상관이 없어서 성
경에 기록되어 있다고 하더라도 예수님이 역사적 사건이 아니요, 역
사적 인물이 아니라면 후세 사람들에 의하여 부정될 수 있습니다. 그
러나 하나님은 예수님의 탄생을 용의 주도면밀하게 계획하시고 예수
님이 태어나실 그때를 맞추어 동방박사 세 사람에게 별을 보내 인도
하시고 그 별이 예루살렘으로 가서 갑자기 사라져 없어지게 하시므로
동방박사 세 사람이 말하기를 "유대인의 왕으로 나신 이가 어디 계시
냐 우리가 동방에서 그의 별을 보고 그에게 경배하러 왔노라"(마 2:2) 라
고 하니 당시의 왕이었던 헤롯과의 관계에 대해서 말하기를 "헤롯 왕
과 온 예루살렘이 듣고 소동한지라(3) 왕이 모든 대제사장과 백성의

서기관들을 모아 그리스도가 어디서 나겠느냐 물으니(4) 이르되 유대 베들레헴이오니 이는 선지자로 이렇게 기록된 바(5) 또 유대 땅 베들레헴아 너는 유대 고을 중에서 가장 작지 아니하도다 네게서 한 다스리는 자가 나와서 내 백성 이스라엘의 목자가 되리라 하였음이니이다(6). 이에 헤롯이 가만히 박사들을 불러 별이 나타난 때를 자세히 묻고(7) 베들레헴으로 보내며 이르되 가서 아기에 대하여 자세히 알아보고 찾거든 내게 고하여 나도 가서 그에게 경배하게 하라(8). 박사들이 왕의 말을 듣고 갈새 동방에서 보던 그 별이 문득 앞서 인도하여 가다가 아기 있는 곳 위에 머물러 서 있는지라(9) 그들이 별을 보고 매우 크게 기뻐하고 기뻐하더라(10). 집에 들어가 아기와 그의 어머니 마리아가 함께 있는 것을 보고 엎드려 아기께 경배하고 보배합을 열어 황금과 유향과 몰약을 예물로 드리니라(11). 그들은 꿈에 헤롯에게로 돌아가지 말라 지시하심을 받아 다른 길로 고국에 돌아가니라"(마 2:2-12). 예수님은 세상에 영혼의 떡으로 오셨기 때문에 떡집인 베들레헴에서 나신 것입니다.

11. 예수님의 탄생은 역사적 사실

이처럼 예수님은 출생부터 당시 최고의 행정책임자인 헤롯왕과 지상 최고의 군주인 로마의 황제 가이사의 명령이 나오는 것을 보게 됩니다. 이는 구세주 예수님의 탄생과 하신 일은 세상 어느 구석에서 그

냥 된 일이 아니요, 하나님의 계획 속에서 확실한 역사적 배경을 근거로 된 것이며 이후 예수님의 공생애와 죽음에 이르기까지 계속해서 예수 님과 역사는 밀접한 관계 속에서 발전되고 있는 것을 발견하게 됩니다.

이와 같은 성경을 보고 해석을 한다면 해석 그 자체도 개인적인 것이 아닌 역사적이어야 하며 성경적이어야 하는 것입니다. 예수님의 출생은 이처럼 세상 사람을 사랑하시는 하나님의 계획에 의하여 치밀하게 진행된 것이며 마지막은 하나님 계획의 완성으로 된 것입니다.

12. 예수님은 죽으시고 부활하심

이 예수님은 요단강에서 침례를 받으신 후 성령에 인도되어 40일간 금식하며 기도하셨고 금식기도가 끝난 후 마귀의 시험을 이기시며 공생애를 시작하여 천국 복음을 전파하시고 귀신을 쫓아내고 병을 고치며 능력을 행하시고 기적을 행하시므로 예수님이 하나님의 아들이심과 죄 없는 사람 되심을 친히 증거 하여 보여주시더니, 하나님의 명령에 순종하여 온 세상 죄를 대신 지고 십자가에 못 박혀 죽으신 후에 3일 만에 부활하시고 40일을 계시며 제자들을 다시 불러 사명을 주시고 500여 명이 보는 중에 하늘로 올라가시더니, 올라가신 후 10일 만에 마가의 다락방 120명에게 성령을 보내주시므로 예수님이 이 세상에 오신 목적을 하나님의 뜻대로 완성하시고 이 예수를 믿는 자마다 구원을 받고 영생을 얻게 하신 것입니다.

예수님이 마귀의 시험을 이기고 하나님의 계획을 완성하셨으니 성경 해석도 마귀 권세 이기고 아버지의 뜻이 이루어지게 해야 합니다. 그러나 베뢰아 측은 성경 해석을 귀신의 가르침에 맞게 하고 있습니다.

13. 예수님이 떠나가시는 것이 유익이 됨

그러므로 성경은 예수님의 구세주 되심에 대하여 "보라 세상 죄를 지고 가는 하나님의 어린 양이로다"라고 하였고(요 1:29), "인자가 온 것은 섬김을 받으려 함이 아니라 도리어 섬기려 하고 자기 목숨을 많은 사람의 대속물로 주려 함이니라"(마 20:28)라고 하시며, " 내가 너희에게 실상을 말하노니 내가 떠나가는 것이 너희에게 유익이라 내가 떠나가지 아니하면 보혜사가 너희에게로 오시지 아니할 것이요 가면 내가 그를 너희에게로 보내리니 그가 와서 죄에 대하여, 의에 대하여, 심판에 대하여 세상을 책망하시리라"(요 16:7-8)라고 말씀하고 계십니다.

그러므로 예수님은 세상 죄인을 구원하시기 위한 하나님의 계획으로 오신 분이요. 하나님의 계획대로 하나님의 사랑을 세상에 줘서 죄인을 구원하여 천국으로 인도하기 위해서 하나님의 아들이 죄 없는 사람으로 오신 것이요. 하나님의 아들이심을 천국 복음의 전파와 병자를 고치고 귀신을 쫓아내며 죄 사하는 권세와 능력을 통하여 보여

주시고, 온 세상 죄 대신 지고 십자가에서 죽으시고 죽은 자 가운데서 부활하시므로 세상에 오신 목적을 다 이루신 것이며 하늘로 올라가시므로 세상 죄인들에게 예수 믿음으로 예수 안에서 영생을 얻고 천국에 갈 수 있다는 소망을 보여주신 것입니다.

14. 예수님이 하늘에서 성령을 보내주심

하늘로 올라가신 후에 하나님 아버지로부터 약속하신 성령을 받아 보내주시므로 세상 죄인들이 예수 믿음으로 죄 사함 받고 믿음으로 구원을 얻어 신분의 변화가 이루어지며 성령을 받으므로 예수님이 세상에서 하신 일을 성령의 능력으로 예수님이 하신 것같이 할 수 있는 능력을 예수 믿는 모든 사람에게 주신 것입니다.

그러므로 예수님이 부활하시고 승천하시기 직전에 말씀하시기를 "오직 성령이 너희에게 임하시면 너희가 권능을 받고 예루살렘과 온 유대와 사마리아와 땅끝까지 이르러 내 증인이 되리라 하시니라"(행 1:8) 라고 말씀을 하신 것입니다. 지금까지 예수님에 대하여 부분적으로 정리해 봤습니다. 인본주의니 신본주의니 하는 것은 예수 그리스도의 문제가 아니요, 말씀의 내용적인 문제도 아니며 믿는 자의 믿음의 문제입니다. 하나님의 의도는 성경을 육적으로 해석하고 베뢰아 사람의 주장을 정당화하기 위한 조작된 이론일 뿐이며 성경과는 상관이 없는 사단적 주장이요 이론입니다.

제**4**부

사랑은
영원하다

제16장
인본주의와 신본주의

1. 요한복음 3장 16절은 인본주의인가?

인본주의라고 하는 말은 사람 중심주의라고 하는 말이요, 신본주의라고 하는 것은 하나님 중심주의라고 하는 말입니다. 믿음이라는 것은 첫 번째로 예수님을 주인으로 마음에 모셔 들이는 것을 말합니다. 성경은 말하기를 "영접하는 자 곧 그 이름을 믿는 자들에게는 하나님의 자녀가 되는 권세를 주셨으니 이는 혈통으로나 육정으로나 사람의 뜻으로 나지 아니하고 오직 하나님께로부터 난 자들이니라"(요 1:12-13)라고 하셨습니다.

또 성경은 말하기를 "네가 만일 네 입으로 예수를 주로 시인하며 또 하나님께서 그를 죽은 자 가운데서 살리신 것을 네 마음에 믿으면 구원을 받으리라 사람이 마음으로 믿어 의에 이르고 입으로 시인하여 구원에 이르느니라"(롬 10:9-10)라고 말씀하십니다. 이는 믿는다고 할 때 마음으로 믿는 것을 입으로 시인해야 한다는 말입니다. 또 기록된 말씀을 보면 "아들을 믿는 자에게는 영생이 있고 아들에게 순종하지 아니하는 자는 영생을 보지 못하고 도리어 하나님의 진노가 그 위에 머물러 있느니라"(요 3:36) 라고 말씀하십니다.

성경에 기록된 말씀들을 정리해보면 믿음이란 예수 그리스도를 마음에 주인으로 모셔 들이는 것이요. 예수 그리스도를 마음에 주인으로 모셔 들이는 사람은 자기가 주인을 하던 삶에서 예수님을 주인으로 바꾸어 하나님의 사람으로 거듭난 사람이요. 예수 그리스도를 마음속에 주인으로 모셔 들인 사람은 삶의 주인 자리를 예수님에게 내드린 사람이요. 예수 그리스도를 삶에 주인으로 모셔 들여서 주인으로 섬기는 사람은 예수님의 주인 되심을 생활 중에 마음속에 믿고 입으로 시인해야 한다는 것입니다. 그러므로 믿고 순종하는 삶은 신본주의입니다.

2. 믿음은 순종

예수 그리스도를 마음에 주인으로 시인한 사람의 삶은 예수님께 순종하는 삶으로 나타나야 한다는 것입니다. 그러므로 아들을 믿는 자는 영생이 있고 아들을 순종치 않는 자는 영생을 보지 못하고 도리어 하나님의 진노가 그 위에 머물러 있다고 말씀하는 것입니다. 이는 다른 말로 하면 예수를 믿는다고 하면서 예수님께 순종하지 않으면 그 믿음은 믿음의 효과가 없는 믿음, 믿음의 열매가 없는 믿음이 될 수 있다는 것입니다.

그러면 왜 이렇게 순종을 강조하는 것일까요? 이에 대해서는 분명한 이유가 있는 것입니다. 사람은 하나님이 죄 없이 만들어 놓으셨지만, 마귀에게 속아서 하나님을 배반하고 마귀의 종이 되고 죄인이 되었습니다. 이후 사람은 하나님을 섬기는 것 같다가도 곧 다시 변질하여 마귀를 섬기며 죄의 유혹을 받아 죄짓는 것을 즐기는 삶을 살고 있습니다. 이것은 인간이 가지고 있는 한계입니다. 이는 예수 믿고 구원을 받았을지라도 예수를 주인 삼고 순종하지 않은 채 자기 자신이 주인 행세를 하면 그러므로 예수님을 주인 삼고 예수님께 물어보고 예수님의 가르침을 받지 않으면 마귀의 달콤한 죄의 유혹과 속임수를 사람의 지혜나 능력으로 극복할 수 없어서 또다시 죄인이 되고 또다시 멸망 길 갈 수 있는 문제가 남아 있는 것입니다.

그러므로 이러한 믿음의 문제점들에 대하여 성경은 기록하기를 "후일에 어떤 사람들이 믿음에서 떠나 미혹하는 영과 귀신의 가르침을 따르리라 하셨으니 자기 양심이 화인을 맞아서 외식함으로 거짓말하는 자들이라"(딤전 4:1-2)라고 말씀하시는 것입니다. 그러므로 순종이 없는 믿음은 인본주의에 속하나 성경적인 믿음, 순종하는 믿음 신본주의입니다. 인본주의 믿음은 믿음이라고 할 수 없는 잘못된 것입니다.

3. 천사장이 불순종하므로 마귀가 됨

하나님은 모든 신중에 가장 강한 신이십니다. 마귀는 하나님이 만드신 피조된 영 중 다른 어떤 존재보다 더 잘 만들어진 최고의 천사장이었습니다. 그러므로 이 천사장이 생각하기를 피조된 천사 중에는 자기와 겨룰 자가 없으니 내가 하나님과 겨루어 이기리라고 생각을 하게 된 것입니다. 그러므로 세상에는 하나님을 제외하고 마귀와 겨루어서 이길 신은 어디에도 없습니다. 사람을 속여서 죄인 되게 하고 종으로 삼은 마귀는 그것을 계속 유지해 오면서 마귀의 왕국을 세상에 건설하였고 누구도 마귀와 겨루어서 이길 신은 세상에 없는 것입니다.

그러므로 죄로 말미암아 마귀의 종이 되고 영원히 망할 수밖에 없는 사람을 구원하는 데는 하나님이요. 하나님의 아들이신 예수님이 사람의 모습으로 오셔서 세상 죄 대신 지고 죽으셔야 했고, 그러므로 예수 안에서 예수를 믿는 자마다 구원을 얻고 영생을 얻게 되었으며, 그 이후에 예수님을 주인으로 모시고 살기만 하면 항상 마귀를 이기는 승리자로 살게 하셨습니다.

4. 예수님께 순종하면 항상 마귀를 이길 수 있다

이는 하나님의 아들 예수님이 하나님의 능력에 의하여 마귀가 가

기독교와 영의 세계

지고 있는 최고의 권세인 사망의 권세를 깨뜨리고 부활의 영광을 나타내심으로 예수님이 마귀의 사망 권세를 이기는 하나님이신 것을 온 세상에 증거로 보여주신 것입니다. 그러므로 예수 믿고 구원받아 예수님께 주인의 자리를 드리고 예수님께 순종하기만 하면 절대 안전하고 확실한 최고 승리의 삶을 날마다 주의 은혜로 살게 되는 것입니다.

5. 말씀에 불순종하면 마귀를 이기지 못한다

그러나 예수 믿는다고 해도 예수님을 주인 삼지 않고 불순종하면 믿는다고 하는 하나님과의 계약을 깨뜨린 것과 같아서 그때에는 마귀를 이기지 못하고 마귀의 올무에 걸려서 또다시 고통을 당할 수 있게 됩니다. 그러므로 예수 믿고 구원받아서 믿음의 법칙에 따라서 예수님을 주인 삼고 예수님께 순종하기만 하면 언제든지 마귀의 세력을 이기고 죄의 유혹을 물리치고 영광스러운 승리를 반드시 할 수 있습니다.

신본주의란 예수님을 주인으로 모셔 들였으니 그 이후부터 변함없이 예수님께 주인의 자리를 드리고 모든 것은 예수님께 순종하여 생각하고 결정하면 이것이 신본주의인 것이요, 주인 되신 예수님께서 사망 권세 이기시고 부활하신 그 능력으로 모든 믿음의 자녀들을 마귀와의 전투에서 항상 완전한 승리를 하게 하시는 것입니다.

그러나 입으로는 예수를 주인으로 모셔 들인다고 시인하여 구원을 받았다고 하면서 실제로는 그것은 형식일 뿐이요. 여전히 자기가 주인이 되어서 예수님께 순종하지 않고, 자기 길을 택하여 가며 예수님께 순종하지 않으면 이것이 인본주의이며, 마귀의 유혹을 이기지 못하고 고통에서 해방되지 못하고 참 자유와 평안과 안식을 누리지 못하며 회개하지 않으면 천국에 갈 수 없게 되는 것입니다.

6. 천국에 갈 수 있는 믿음

그러므로 예수님 말씀하시기를 "나더러 주여 주여 하는 자마다 다 천국에 들어갈 것이 아니요 다만 하늘에 계신 내 아버지의 뜻대로 행하는 자라야 들어가리라"(마 7:21)라고 하시고, "너희 의가 서기관과 바리새인보다 더 낫지 못하면 결코 천국에 들어가지 못하리라"(마 5:20)라고 하셨습니다. 하나님의 말씀이 이러하기에 믿음 생활 제대로 하면 예수님에게 주인 자리를 내드리고 예수님을 주인으로 섬기고 순종하는 것이며, 이처럼 할 때 예수님이 단 한 번도 하늘 아버지의 뜻을 거스른 적이 없고 목숨을 바쳐서까지 순종하셨기에 예수님께 순종하기만 하면 하늘에 계신 아버지의 율법대로 행하는 사람 중에는 누구도 그 의가 서기관이나 바리새인보다 나은 사람이 없지만 죄 없는 단 한 사람 예수님 만이 그 의가 서기관과 바리새인보다 낫기에 예수만 믿고 순종하기만 하면 예수님의 의와 공로로 천국에 가게 되는 것이며, 예수님의 능력으로 세상 신 마귀를 예수님께 순종하면 주인 되신

기독교와 영의 세계

예수님의 능력으로 확실히 이기고 승리하게 되는 것입니다.

7. 요한복음 3:16 절은 신본주의다

성경은 어디에도 인본주의를 가르치지 않습니다. 그러므로 인본주의는 예수님에게 삶의 주인 자리를 내드리지 않고 입으로만 주여 주여 하는 삶을 말하는 것입니다. 신본주의는 요한복음 3장 16절의 하나님의 사랑을 받아들여 예수를 믿고 순종하는 것이요 인본주의는 예수를 주인 삼지 않고 순종하지 않는 것이 인본주의입니다.

8. 요한일서 3장 8절은 죄의 결과와
예수님과의 관계를 설명한다

"죄를 짓는 자는 마귀에게 속하나니 마귀는 처음부터 범죄함이라 하나님의 아들이 나타나신 것은 마귀의 일을 멸하려 하심이라"(요일 3:8). 죄를 짓게 되면 마귀에게 속한다는 것은 전혀 새로운 내용이 아닙니다. 조상 아담이 마귀의 거짓말에 속아서 하나님의 말씀을 거역하고 불순종하여 죄를 짓고 마귀의 종이 되었으며 그 모든 아담의 후손이 다 죄인이 된 것을 성경은 말하고 있습니다. 그러므로 성경은 말하기를 "너희 자신을 종으로 내주어 누구에게 순종하든지 그 순종함을 받는 자의 종이 되는 줄을 너희가 알지 못하느냐 혹은 죄의 종으로 사망에 이르고 혹은 순종의 종으로 의에 이르느니라. 하나님께 감사하리로다 너희가 본래 죄의 종이더니 너희에게 전하여 준 바 교훈의 본을 마음으로 순종하여 죄로부터 해방되어 의에게 종이 되었느니라"(롬 6:16-18)라고 말씀하고 있는 것입니다. 요일 3장 8절의 "죄를 짓는 자는 마귀에게 속하나니"라는 말은 마귀의 유혹을 받아들여서 죄를 짓게 되면 다시 마귀의 종이 된다는 말입니다. 왜냐하면, 마귀는 처음부터 범죄 한 자요. 죄의 아비가 되었기 때문이라는 것입니다.

다음으로 "하나님의 아들이 나타나신 것은 마귀의 일을 멸하려 하심이니라" 라고 했습니다. 성경은 마귀의 일을 멸한다고 했는데 이것이 베뢰아 측에 의하여 "마귀 진멸"로 변질되어 버린 것입니다. 그리고 마귀 진멸이 한술 더 떠서 귀신 박멸로 나오는 것입니다. 그러므로 귀신 쫓아내는 것이 하나님의 아들이 이 땅에 오신 목적으로 변질되어 버린 것입니다. 그러나 이것은 성경을 교묘하게 그 의미를 바꿔놓은 잘못된 해석의 결과입니다. 성경의 말씀은 분명하게 마귀의 일을 멸하려 하심이라고 했습니다.

9. 마귀의 일은 무엇인가?

마귀의 일이 무엇입니까? 마귀가 처음부터 지금까지 변함없이 일관되게 하는 것은 하나님을 대적하고 하나님께 불순종하고 예수를 믿지 못하게 하고 예수 믿는 자들을 미혹하여 죄짓게 하고 믿음에서 떠나게 하며 자기를 믿고 세상을 바라보며 육체의 삶을 살게 하는 것이 마귀가 변함없이 계속해서 추구하는 일입니다.

마귀의 일을 멸한다고 함은 마귀가 하는 이러한 일을 사람들에게서 하지 못하게 한다는 것입니다. 그러면 마귀의 이러한 일을 못 하게 하는 방법이 무엇일까요? 예수 님이 오셔서 하신 일을 보면 맨 첫 번째가 "회개하라"(마 4:17)라고 하셨고, "천국 복음을 전파하시며 베드로를 불러서 사람 낚는 어부가 되라"(마 4:19)라고 하셨습니다. 그러므로 마귀의 일을 멸한다고 하심은 예수 믿고 구원받아서 하나님의 자녀가 되게 하고 예수를 주인 삼고 순종하므로 예수님이 하신 일을 믿는 자도 하게 해서 마귀가 주는 죄의 유혹에 속지 않고 예수 그리스도의 빛과 소금의 사명을 감당하며 하나님의 영광을 높이는 삶을 살고 성령의 역사하심으로 예수님이 하신 일을 같이할 수 있는 하나님의 능력 있는 자녀로 일군의 삶을 사는 것이 하나님의 일을 하는 것 마귀의 일을 멸하는 것에 합당한 삶을 사는 것입니다.

여기에는 물론 귀신 쫓고 병 고치는 것도 해당됩니다. 그러나 귀신 쫓고 병 고치는 것은 예수를 주인 삼고 예수님의 능력으로 쫓는 것이지 불신자의 사후 영이 귀신이라고 인정을 해주니까 거기에서 능력이 나와서 귀신을 쫓아내는 것은 아닙니다. 그러므로 요일 3:8절과 요한복음 3장 16절은 상호 보완관계에 있는 의미가 같은 내용의 말씀인 것이지 어떤 것은 신본주의이고 어떤 것은 인본주의에 해당하는 성격의 것이 아니라는 것입니다.

10. 마귀의 일을 멸하는 것은 마귀의 사역을 다스리는 것

이미 말씀드린 바와 같이 마귀의 일을 멸하는 것은 마귀가 죄 짓게 하고, 죄지은 사람을 종 삼고 공격하지 못하도록 하는 것이지 마귀 자체를 없애는 것이 아니라는 것입니다. 마귀는 때가 되면 천 년 동안 무저갱에 갇힐 것이요. 그다음 때가 되면 지옥 불에서 영원한 고통을 받을 것입니다.

그러므로 마귀의 일을 멸한다는 것은 마귀가 거짓으로 사람을 속여서 죄 짓게 하고, 종 삼고 고통에 빠지게 하는데 예수님이 예수 믿고 구원받은 자들의 속에 오셔서 복음을 가르쳐 알게 하시고, 주인으로 모시고 순종하는 자들에게 들어가셔서 그들의 주인이 되어 마귀에게 속지 않게 하고, 죄의 유혹을 물리치게 하고 성령 충만 받아서 복음을 전하게 하고 마귀에게 눌린 자들을 해방시켜 주는 것을 마귀의 일을 멸한다고 하는 것입니다.

그런데 마귀의 일을 멸한다는 말을 마귀 진멸로 바꾸어서 마치 불신자의 사후 영이 귀신이라고 인정하면 능력을 받아서 마귀를 없애 버린 것 같은 표현을 쓰는 것은 마귀적 귀신론을 옹호하기 위한 과장되고 왜곡된 표현일 뿐 성경의 내용과는 잘 맞지 않는 잘못된 표현입니다.

제17장
구원에 대하여

1. 구원은 믿는 자에게 주시는 하나님의 선물

구원이란 다른 말로 하면 어려운 상태에 놓인 사람이 어려운 상태에서 해방되었다고 하는 것과 같은 것입니다. 물에 빠져 죽을 사람을 물에서 건져냈으면 그 사람은 구원을 받은 것입니다. 큰불이 나서 불에 타 죽게 된 사람을 살렸으면 그 사람을 구원해 낸 것입니다. 그러므로 구원이라는 말은 어려운 형편에 처한 사람이 어려운 형편에서 벗어나면 그것을 구원이라는 용어를 쓸 수 있다는 말입니다.

성경에 믿음으로 얻게 되는 구원이란 사망의 신, 어둠의 신, 저주의 신의 종 된 사람이 거기에서 빠져나오게 됐다는 것입니다. 빠져나오는데 필요한 조건은 예수를 믿어야 하고, 죄 사함을 받아야 하고, 죽은 영이 살아나야 하고, 하나님의 자녀가 되어야 한다는 것입니다.

그러면 이러한 일이 어떻게 이루어질 수 있는 것입니까? 이는 이 일을 이루기 위해서 하나님이 아들이신 독생자 예수님을 세상에 보내 주셨다고 성경은 말하는 것입니다. 그러므로 성경은 말하기를 "우리가 아직 죄인 되었을 때에 그리스도께서 우리를 위하여 죽으심으로 하나님께서 우리에 대한 자기의 사랑을 확증하셨느니라"(롬 5:8). 이는 죄로 망할 수밖에 없는 죄인 된 사람을 하나님이 사랑하시고 독생자 예수님을 세상에 보내어 대속 제물로 죽게 하시므로 하나님의 지극하시고 놀라운 사랑을 확실히 증거 해보여 주셨다고 하시는 것입니다.

우리는 이 사실을 마음으로 믿어야 합니다. 그러므로 성경은 말하기를 "사람이 의롭게 되는 것은 율법의 행위로 말미암음이 아니요. 오직 예수 그리스도를 믿음으로 말미암는 줄 알므로 우리도 그리스도 예수를 믿나니 이는 우리가 율법의 행위로써가 아니고 그리스도를 믿음으로써 의롭다 함을 얻으려 함이라. 율법의 행위로써는 의롭다 함을 얻을 육체가 없느니라"(갈 2:16)라고 말씀하신 것입니다.

그러므로 구원은 하나님이 주신 사랑의 선물입니다. 사람이 죄를 지어야 하나님이 아들을 보내서 마귀 진멸하고 하늘 보좌를 받을 수 있다는 것은 베뢰아 사람이 만들어낸 마귀적 구원론입니다.

2. 구원은 마귀의 죄에서 해방 받는 것

정리해보면 죄 없이 만들어 하나님의 은혜로 살게 하신 사람이 마

기독교와 영의 세계

귀의 유혹을 받아서 하나님의 말씀에 불순종하여 마귀의 말대로 하는 것이 더 좋은 것 같은 생각으로 하나님의 말씀에 불순종하므로 말미암아서 죄인이 되고 마귀의 종이 되었으며 영이 죽고 육이 살아나서 하나님이 지어주신 가죽 옷을 입고 하나님이 살게 하신 에덴동산에서 쫓겨나 마귀의 종노릇하며 육체의 낙을 따라 감각적 삶을 살아가므로 말미암아서 저주를 받고 고통을 당하고 지옥에서 영원히 망하게 되었는데 하나님이 이를 불쌍히 여기시고 독생자 예수를 보내서 예수님의 겸손과 온유, 순종을 가르치시고 예수를 믿는 자마다 죄의 고통에서 해방을 받게 하셨으며, 온 세상 죄 대신 지고 대속 제물로 십자가 위에서 피 흘려 죽으시고 죽은 자 가운데서 부활하시므로 말미암아서 사망의 권세를 이기고 승리하심을 보여주시고, 40여 일간 제자들과 함께 계시며 사명을 확인하시고 500여 명이 보는 가운데서 하늘로 올라가시고, 하늘로 올라가신 후에 성령을 세상에 보내주시므로 말미암아서 누구든지 십자가 위에서 몸 찢고 피 흘려 대속 제물로 죽으신 예수님을 내 죄 때문에 내 죄 대신 지고 죽으셨다고 믿고, 그 예수를 주인 삼아서 예수와 함께 육신이 죽은 삶을 살면 나면서부터 타고 난 죄는 믿음과 함께 없어지고 살면서 지은 죄는 회개하고 자복하므로 예수님 흘리신 피의 공로에 의해서 깨끗이 사하여지며, 그러므로 죄인이 의인 되고 죽은 영은 살아나며 영생을 얻게 됩니다.

3. 구원이 영생을 보증하는 것이 아님

그러므로 구원은 믿는 자에게 하나님이 거저 주시는 선물입니다. 그러나 영생을 얻었다고 해도 완전하지 않습니다. 또다시 세상 신 마귀가 사망의 권세를 가지고 거짓말로 속이며 유혹하여 공격할 때에 또다시 마귀의 종 될 가능성이 있기 때문입니다. 하나님은 예수 믿음으로 구원받은 하나님의 자녀들이 마귀와의 전투에서 승리하고, 구원을 확실히 유지할 수 있게 하려고 온 세상 죄 대신 지고 죽으신 예수님을 하나님이 그 전능하신 능력으로 부활시켜서 예수님의 무덤은 빈무덤이 되게 하시고, 세상 임금 노릇 하던 마귀의 사망권세가 예수 안에서 무너져 없어졌음을 예수님의 부활로 증명해 보여주신 것입니다. 십자가에서 죄 없는 하나님의 아들로 온 세상 죄 대신 지고 죽으신 예수님을 믿으면 죄인이 죄 사함 받고 거룩하고 의로워져서 율법의 요구가 예수 안에서 완성되어 죄 없는 거룩한 사람으로 변화를 받게 되지만, 그 변화가 거룩한 상태의 계속된 유지를 보장해 주는 것은 아니라는 것입니다.

중요한 것은 죄의 용서를 받고 거룩한 하나님의 자녀로 변화 받은 사람이 다시는 죄의 종노릇 하지 아니하고 거룩하게 살면서 하나님의 자녀가 하나님으로부터 받을 수 있는 약속된 은혜와 축복을 받아서 누릴 수 있어야 합니다. 하나님은 구원받은 하나님의 자녀가 확실히 승리하는 삶을 살다가 천국에서 영생을 누릴 수 있는 길을 열어놓으시기 위해서 예수님이 죽은 자 가운데서 3일 만에 부활하게 하신 것

기독교와 영의 세계

입니다. 그러므로 예수님의 부활은 매우 특별한 의미가 있는 것이며 부활하신 예수 안에서만 구원은 확실합니다.

4. 예수님의 부활은 하나님의 능력으로

예수님이 부활하신 것은 예수님의 능력에 의해서 스스로 부활하신 것이 아니요. 하나님이 그를 죽은 자 가운데서 다시 살리므로 부활하셨다고 했습니다(롬 10:9). 그러므로 예수님의 부활은 예수님이 하나님의 아들이신 것과 아들을 보내신 아버지 하나님이 계획대로 아들을 죽게 하시고 계획대로 아들을 부활시키신 것을 확실히 증거 해주시는 것이며 이는 하나님이 예수 그리스도에 대한 모든 사건을 하나님의 계획을 이루기 위하여 진행하였음을 확인시켜 주고 있는 것입니다.

5. 예수님의 부활은 하나님이 계획하신 것

예수님은 살아계실 때 자기가 대속 제물로 죽으실 것과 죽은 자 가운데서 3일 만에 부활하실 것을 말씀하셨습니다(마 20:28, 마 16:21). 그러므로 예수님의 부활은 우연한 사건이 아니며 하나님의 계획이 완성된 사건입니다. 어떤 이들은 예수님의 부활을 부정하기 위해서 그가 온전히 죽지 않은 상태에서 서늘한 곳에 두니 정신이 깨어서 살아난 것이라고 하며 하나님이 다시 살리신 것을 부정합니다. 또 어떤 이들은 그의 제자들이 시체를 훔쳐다 다른 곳에 두고 거짓말로 부활했다고 한다고 말하기도 합니다. 그러나 예수님의 부활은 하나님의 능력으로 하나님이 하신 가장 놀라운 기적입니다(행 2:24).

세상에 사람으로 태어나면 모든 사람이 다 죽습니다. 십자가 위에서 처형되어 죽은 사람도 수없이 많습니다. 그러나 부활한 사람은 단한 사람도 없습니다. 저들은 자기 죄를 인하여 죽었기에 하나님이 다시 살리지 아니하셨으나 예수님은 하나님의 아들로서 세상에 죄 없는 사람의 모습으로 오셔서 온 세상 죄 대신 지고 죽으셨기에 그가 하나님의 아들이심을 증거하기 위해서는 반드시 부활하셔야 합니다.

예수님의 부활이 없었으면 오늘의 기독교는 존재하지 않을 것입니다. 기독교는 부활의 종교이기 때문입니다. 예수님의 부활은 사망 권세를 이기신 증거이며 예수를 주인으로 모신 구원받은 자녀들은 예수 안에서 사망 권세를 이길 수 있다는 증거입니다.

6. 예수님의 죽음과 부활은 완성된 하나님의 약속

예수님이 3일 만에 부활하시므로 말미암아 하나님 예언의 확실성을 증명해주셨습니다. 예수님이 대제사장들과 서기관들에 잡혀서 죽을 것이요 3일 만에 부활하실 것을 예언하실 때에 베드로는 말하기를 "주여 그리 마옵소서 이 일이 결코 주께 미치지 아니하리이다"(마 16:22)

라고 말했습니다.

베드로의 이 말을 들은 예수님이 말씀하시기를 "사탄아 내 뒤로 물러가라 너는 나를 넘어지게 하는 자로다 네가 하나님의 일을 생각하지 아니하고 도리어 사람의 일을 생각하는도다"(마 16:23)라고 베드로를 심하게 책망하셨습니다. 이는 예수님의 죽음과 부활은 하나님의 계획 속에 있는 것이기에 꼭 그렇게 이루어져야 합니다.

예수님은 예수님을 사랑하는 베드로가 예수님을 사랑하는 마음으로 한 말이었을지라도 그것이 하나님의 뜻에 맞지 않을 때 사탄아 물러가라 책망하시는 것을 보면 하나님의 뜻은 반드시 이루어져야 하는 하나님의 약속이며 하나님의 뜻과 다른 것은 사단적입니다.

그러므로 예수님의 부활은 하나님의 예언이 예언하신 대로 이루어진 기적의 사건이며 이는 하나님이 하신 모든 약속은 반드시 이루어지며 이는 하나님이 약속을 책임지고 이루시는 분임을 확인하고 있습니다(민 23:19).

7. 예수님의 부활은 마귀를 이기신 하나님의 승리

예수님의 부활은 마귀가 더는 세상의 권세 자가 아님을 보여주는 사건입니다. 마귀는 사람을 죄 짓게 한 이후에 사망의 권세를 가지고 온 세상 사람을 지배해 왔습니다. 세상 사람들은 마귀를 두려워하며 마귀를 섬기며 우상숭배를 하고 악을 행하며 살아왔습니다. 사람들은 예수님이 십자가에 매달려 죽으시는 것을 보고 조롱하였습니다. "네가 만일 하나님의 아들이어든 자기를 구원하고 십자가에서 내려오라. 그가 남은 구원하였으되 자기는 구원할 수 없도다"(마 27:40-42)라고 조롱하였습니다. 그러나 예수님은 조롱을 받으면서도 십자가 위에서 죽으셨습니다. 이는 예수님이 십자가에 매달려 공개적으로 고통스러운 죽임을 당하시는 것이 하나님의 계획이었기 때문입니다. 그러나 세상 사람들은 저도 십자가에서 죽은 것 보니 별수 없는 자라고 생각했습니다. 예수의 죽음은 십자가 위에서 죽음으로 끝났다고 생각하였고 세상 임금 마귀가 최고의 신이라고 생각했습니다.

그러나 3일 후에 예수님께서 하늘에서 천사가 내려와 돌을 굴려내고 찬란한 빛 속에서 사망의 권세를 이기시고 무덤에서 부활하여 걸어 나오시므로 말미암아서 마귀는 더는 최고의 신이 아니요, 세상 임금도 아니며 하나님이 사망의 권세를 이기는 최고의 신이심을 증명해 주었습니다.

8. 예수님의 부활은 믿음의 자녀들에게 주시는 최고의 소망

예수님의 부활은 모든 믿는 자들에게 부활의 소망을 주시고 부활하신 예수를 주인으로 모시고 섬기며 순종하는 자마다 예수님이 하나님의 능력으로 사망권세를 이기고 마귀의 세력 귀신의 세력을 이기신 것 같이 세상 신을 이길 수 있는 사람이 될 수 있다는 사실을 증명해

주셨습니다.

그러므로 모든 그리스도인은 마음에 십자가 위에서 못이 박혀 몸 찢고 피 흘려 죽으신 고난의 주님을 믿는 것과 같이 사망 권세를 이기고 부활하신 부활의 주님을 믿어야 합니다. 사망 권세를 이기고 부활하신 부활의 주님을 마음에 믿고 주인으로 섬기며 주님의 인도하심을 받을 때 그 믿음과 함께 부활의 권능에 동참하게 되며 예수님이 사망의 권세를 이기신 것과 같이 부활하신 예수님을 마음에 주인으로 모시고 섬기는 자마다 부활의 권능에 동참하게 되며 하나님 생명의 능력으로 마귀 권세를 이기고 귀신을 이기며 모든 질병을 이기고 예수 안에서 세상 신을 능히 이기는 승리의 삶을 살게 됩니다.

부활하신 예수를 마음에 주인으로 모시고 섬길 때 예수 믿고 구원 받고 죄 사함 받은 그리스도인이 그 거룩함을 계속해서 유지하므로 예수님과 함께 거룩한 삶을 살아서 빛과 소금의 사명을 감당하여 빛을 발하고 소금의 짠 맛을 내게 된다는 것입니다(마 5:13-15). 부활하신 예수님의 능력으로 마귀와 귀신의 세력을 이기고 천국에서 영원히 살게 됩니다. 이것이 신본주의요 하나님의 뜻입니다.

9. 예수님의 부활은 부활의 첫 열매

예수님의 부활은 모든 믿는 자에게 부활의 소망을 주고 다 부활하게 합니다. 그러므로 성경은 말하기를 "만일 그리스도 안에서 우리가 바라는 것이 다만 이 세상의 삶뿐이면 모든 사람 가운데 우리가 더욱 불쌍한 자이리라. 그러나 이제 그리스도께서 죽은 자 가운데서 다시 살아나사 잠자는 자들의 첫 열매가 되셨도다. 사망이 한 사람으로 말미암았으니 죽은 자의 부활도 한 사람으로 말미암는도다. 아담 안에서 모든 사람이 죽은 것 같이 그리스도 안에서 모든 사람이 삶을 얻으리라"(고전 15:19-22). 예수 믿고 구원받아 부활하신 예수님의 능력으로 세상을 이기는 삶을 살면 반드시 예수 안에서 예수님과 같이 영광스러운 부활을 하여 예수님이 살고 계시는 천국에서 예수님과 함께 다시는 죽음이 없는 영원한 행복과 기쁨으로 살게 될 것입니다.

그러므로 예수 믿고 구원받은 그리스도인들은 예수님의 부활이 우리가 살아 있는 동안 사망 권세를 이기고 거룩함을 유지하고 죄의 유혹을 이길 수 있는 승리의 삶을 살게 된 것과 세상 끝날에 부활하신 예수님처럼 영광스러운 부활을 하여 영원한 천국 하나님의 나라에서 영생하게 된 것에 대한 믿음과 소망과 기쁨으로 살아야 합니다.

이처럼 예수를 믿으면 예수 그리스도 십자가의 죽음과 사망의 권세를 이기고 부활하신 능력을 입어 죄 사함 받고 거룩한 삶을 부활하신 예수님과 함께 마귀의 권세를 이겨내므로 살아갈 수 있습니다. 그런데 이처럼 거룩한 하나님의 자녀에게 하나님이 한 가지 더 놀라운 능력을 주셨습니다. 이는 성령의 능력입니다. 이 모든 것이 하나님의 사랑이요 하나님의 아들 예수님을 이 땅에 보내신 목적입니다. 하나님 보좌는 마귀 진멸을 통하여 얻어지는 것이 아니요, 창세 전부터 아들 예수님이 누리고 있는 하늘 보좌입니다.

제18장
예수님과 보혜사 성령

1. 예수님이 약속하신 보혜사 성령

예수님이 하늘로 올라가시기 전에 말씀하셨습니다. "내가 떠나가는 것이 너희에게 유익이라 내가 떠나가지 아니하면 보혜사가 너희에게로 오시지 아니할 것이요 가면 내가 그를 너희에게로 보내리니 그가 와서 죄에 대하여, 의에 대하여, 심판에 대하여 세상을 책망하시리라."(요 16:7-8)라고 말씀하시므로 예수님이 세상을 떠나 아버지께로 가서 보혜사를 보내주시는 것이 예수님이 세상에 계시는 것보다 더 유익하다고 말씀하셨습니다.

또 예수님은 보혜사 성령에 대하여 말씀하시기를 "내가 아버지께 구하겠으니 그가 또 다른 보혜사를 너희에게 주사 영원토록 너희와 함께 있게 하리니 그는 진리의 영이라 세상은 능히 그를 받지 못하나니 이는 그를 보지도 못하고 알지도 못함이라 그러나 너희는 그를 아나니 그는 너희와 함께 거하심이요 또 너희 속에 계시겠음이라. 내가 너희를 고아와 같이 버려두지 아니하고 너희에게로 오리라"(요 14:16-18)라고 말씀하시므로 예수님 육신의 몸은 대속 제물로 죽으시고 죽은 자 가운데서 부활하여 하늘로 올라가신 후 믿음의 사람들에게 영으로 다시 오실 것을 약속하신 것을 볼 수가 있습니다.

2. 성령님이 하신 일

또한, 성령이 믿음의 사람들에 와서 하실 일에 대하여 말씀하시기를 "보혜사 곧 아버지께서 내 이름으로 보내실 성령 그가 너희에게 모든 것을 가르치시고 내가 너희에게 말한 모든 것을 생각나게 하시리라"(요 14:26)라고 말씀하셨습니다.

3. 보혜사 성령 받는 자의 자격요건

성령을 받을 수 있는 자의 자격요건에 대하여 말씀하시기를 "나의 계명을 지키는 자라야 나를 사랑하는 자니 나를 사랑하는 자는 내 아버지께 사랑을 받을 것이요 나도 그를 사랑하여 그에게 나를 나타내리라"(요 14:21) 라고 하시고 이어서 말씀하시기를 "사람이 나를 사랑하면 내 말을 지키리니 내 아버지께서 그를 사랑하실 것이요 우리가 그에게 가서 거처를 그와 함께 하리라"(요 14:23)라고 말씀하셨습니다. 성령 받기 원하면 계명을 지키고 말씀을 지켜야 합니다.

4. 예수님이 기적을 행하게 하신 성령

성경은 구세주 예수님이 하나님의 아들이시오 죄 없는 사람으로 세상에 오셨지만 예수님이 성령을 받으시기 전에는 평범한 사람으로 갈릴리 나사렛 동네에서 아버지 요셉과 함께 목수 일을 하시면서 지내신 것을 보여주고 있습니다.

이에 대하여 성경은 기록하기를 "예수께서 이 모든 비유를 마치신 후에 그 곳을 떠나서 고향으로 돌아가사 그들의 회당에서 가르치시니 그들이 놀라 이르되 이 사람의 이 지혜와 이런 능력이 어디서 났느냐 이는 그 목수의 아들이 아니냐 그 어머니는 마리아, 그 형제들은 야고보, 요셉, 시몬, 유다라 하지 않느냐 그 누이들은 다 우리와 함께 있지 아니하냐 그런즉 이 사람의 이 모든 것이 어디서 났느냐 하고 예수를 배척한지라 예수께서 그들에게 말씀하시되 선지자가 자기 고향과 자기 집 외에서는 존경을 받지 않음이 없느니라 하시고 그들이 믿지 않음으로 말미암아 거기서 많은 능력을 행하지 아니하시니라"(마 13:53-58)라고 말씀하신 것을 볼 수 있습니다. 예수님의 능력은 예수님이 요단강에서 침례를 받으실 때 성령이 임하신 후 마귀의 시험을 이기고 행하시게 된 것입니다(마 3:16, 마 4:11, 23-24).

5. 예수님의 기적은 믿는 자에게 이루어졌다

기록된 내용의 말씀을 살펴보면 예수님이 나사렛 동네에서 목수의 아들로 목수 일을 해 왔음을 알 수 있고, 그의 어머니와 동생들 심지어 여동생들까지도 언급하므로 예수님이 그 가족과 함께 생활해 왔음을 알 수가 있습니다. 예수님은 이처럼 죄 없는 사람이요, 하나님의 아들이실지라도 하나님의 성령을 받기 전에는 사람들과 같은 모습으로 평범한 생활을 하시므로 사람들의 눈에 특별하게 다른 모습으로 구별되어 보이지 않았다는 것을 알 수가 있습니다.

6. 예수님의 기적은 침례를 받으신 후에 시작

그런데 이 예수님이 침례 요한으로부터 요단강에서 침례를 받으시고 물에서 올라오실 때 성령이 비둘기같이 하늘에서 내려와 예수님에게 임재하시므로 그때부터 예수님은 성령의 이끌리심을 받아 광야에서 40일 금식기도를 하시고 마귀의 시험을 거치신 후에 하나님의 일을 하시기 시작하시므로 천국 복음이 전파되고 귀신을 쫓아내며 병을 고치기 시작하신 것을 보여주고 있습니다.

기독교와 영의 세계

그러므로 기록된 성경의 말씀을 보면 "이 때에 예수께서 갈릴리로부터 요단 강에 이르러 요한에게 침례를 받으려 하시니 요한이 말려 이르되 내가 당신에게서 세례(침례)를 받아야 할 터인데 당신이 내게로 오시나이까 예수께서 대답하여 이르시되 이제 허락하라 우리가 이와 같이 하여 모든 의를 이루는 것이 합당하니라 하시니 이에 요한이 허락하는지라. 예수께서 침례를 받으시고 곧 물에서 올라오실새 하늘이 열리고 하나님의 성령이 비둘기 같이 내려 자기 위에 임하심을 보시더니 하늘로부터 소리가 있어 말씀하시되 이는 내 사랑하는 아들이요 내 기뻐하는 자라 하시니라"(마 3:13~17)라고 기록된 말씀을 볼 수가 있습니다.

7. 예수님의 공생애는 성령과 함께 시작됨

이 말씀은 예수님이 평범한 목수의 아들로 갈릴리 나사렛 동네에서 사시다가 하나님의 계획하신 때가 되매 요단강에 침례를 베풀고 있는 침례 요한에게로 가서 침례를 받을 때 하늘이 열리고 하나님의 성령이 비둘기같이 예수님에게 임하였으며 하나님께서 하늘에서 음성으로 들리게 말씀하시기를 "이는 내 사랑하는 아들이요 내 기뻐하는 자라"(마 3:17) 라고 하셨다는 것입니다. "그 때에 예수께서 성령에게 이끌리어 마귀에게 시험을 받으러 광야로 가사 사십 일을 밤낮으로 금식하신 후에 주리신지라. 시험하는 자가 예수께 나아와서 이르되 네가 만일 하나님의 아들이어든 명하여 이 돌들로 떡 덩이가 되게 하라 예수께서 대답하여 이르시되 기록되었으되 사람이 떡으로만 살 것이 아니요. 하나님의 입으로부터 나오는 모든 말씀으로 살 것이라"(마 4:1-4)라고 말씀하시므로 마귀의 시험을 물리치셨고 이후 마귀가 두 번 더 예수님을 시험하였으나 예수님이 말씀으로 마귀의 시험을 물리치시니 마귀가 더는 예수님을 시험하지 못하고 물러갈 때 예수님이 복음을 전파하시고 회개하라 하시며 제자들을 부르시고 하나님의 능력을 행하시므로 귀신들린 자 병든 자들의 귀신을 쫓아내고 모든 병을 고치시며 하나님의 능력을 보이시고 하나님의 나라를 전파하셨는데 예수님이 이처럼 하신 것은 전적으로 성령의 능력이라고 말씀하신 것을 볼 수가 있습니다(마 4:23-25).

8. 예수님이 성령 받으신 것은 아버지 하나님이 예수님 속에 들어오신 것

예수님에게 성령이 임재하신 것은 하늘에 계신 아버지의 영이 예수님의 몸속에 들어와서 말씀이 육신이 되시고(요 1:14), 성령으로 잉태되신 예수님의 몸에(마 1:20) 하나님의 영이 사람의 몸을 집 삼고 들어오셨다는 것입니다.

예수님의 몸과 사람의 몸에 근본적인 차이는 예수님은 사람의 후손이 아니라는 것입니다. 다만 예수님이 세상에 오셔서 일하고 가신 사실을 역사적 사건이 되게 하기 위해서 로마 지배하의 헤롯왕 때에

기독교와 영의 세계

세상에 나시고 빌라도가 총독으로 있을 때 공생애를 사셨으며 예수님이 세상에 오신 사실을 확실하게 하려고 로마의 가이사 황제 때에 목수 요셉의 아들로 호적을 하게 하셨으나 예수님은 사람의 아들이 아니요, 하나님의 아들이시라는 것입니다.

사람의 몸은 흙으로 만들어졌기에 흙을 먹는 뱀에게 먹힐 수밖에 없고(창 3:14) 죄를 지을 수밖에 없지만 예수님의 몸은 성령으로 잉태되시고 말씀이 육신이 되셨기에 육신의 구성 재료 자체가 죄인 된 사람과는 완전히 다른 것이며 죄를 지을 수 없고 죄와 상관없는 하나님의 아들로 살게 된 것입니다.

이 예수님이 요단강에서 침례 받고 물에서 올라오실 때 하늘에서 하나님 아버지의 성령이 예수님의 몸에 들어오신 것이며 예수님의 공생애는 아버지의 영이 예수님 안에 계셔서 가르치시고 보이시고 행하게 하시므로 아버지의 영에 의해서 그 가르치심 따라서 세상에 죄인을 구원하기 위한 하나님 아버지의 계획을 완성하신 것입니다.

베뢰아 측이 만든 '하나님의 의도'는 불신자 사후의 영이 귀신이라는 그의 주장을 합리화시키기 위한 소설일 뿐 하나님과는 상관없는 사단적인 주장입니다. 베뢰아의 주장과 마귀의 이론은 일치합니다.

9. 아버지와 예수님은 하나

그러므로 어느 날 제자 빌립이 아버지 보여주시기를 요청하는 것을 보면 "빌립이 이르되 주여 아버지를 우리에게 보여 주옵소서 그리하면 족하겠나이다. 예수께서 이르시되 빌립아 내가 이렇게 오래 너희와 함께 있으되 네가 나를 알지 못하느냐 나를 본 자는 아버지를 보았거늘 어찌하여 아버지를 보이라 하느냐 내가 아버지 안에 거하고 아버지는 내 안에 계신 것을 네가 믿지 아니하느냐 내가 너희에게 이르는 말은 스스로 하는 것이 아니라 아버지께서 내 안에 계셔서 그의 일을 하시는 것이라. 내가 아버지 안에 거하고 아버지께서 내 안에 계심을 믿으라 그렇지 못하겠거든 행하는 그 일로 말미암아 나를 믿으라. 내가 진실로 진실로 너희에게 이르노니 나를 믿는 자는 내가 하는 일을 그도 할 것이요 또한 그보다 큰 일도 하리니 이는 내가 아버지께로 감이라"(요 14:8-12)라고 기록된 말씀을 볼 수 있습니다.

사람이신 예수님 안에 아버지가 들어오시고 예수 믿는 자 안에도 아버지가 들어오셔서 영원히 함께 살기 원하시는 것이 하나님의 계획이요 사랑입니다.

10. 기독교의 역사는 예수님 속에 아버지의 영이 들어오시므로 시작됨

이는 기독교 복음의 핵심이 하나님이 보내신 성령의 능력인 것을 볼 수 있고 아버지께서 보내신 하나님의 성령이 예수 안에 계시므로 말미암아서 그것은 하나님 아버지가 예수님 안에 계신 것이라 하시고 예수님이 하신 모든 말씀은 하나님 아버지께서 예수 안에 계셔서 예수님에게 가르쳐 주신대로 예수님은 말씀하시고 그러므로 예수님의 말씀은 아버지의 말씀이요 예수님의 말씀을 듣는 것은 아버지의 말씀을 듣는 것과 같고 예수님의 말씀을 전하는 대로 듣는 것도 또한 같다고 말씀하신 것과 같습니다.

그러므로 성경은 기록하기를 "너희를 영접하는 자는 나를 영접하는 것이요 나를 영접하는 자는 나를 보내신 이를 영접하는 것이니라"(마 10:40)라고 하시고 또한, 예수님이 말씀하시기를 "나를 믿는 자는 나를 믿는 것이 아니요 나를 보내신 이를 믿는 것이며 나를 보는 자는 나를 보내신 이를 보는 것이니라"(요 12:44-45)라고 말씀하신 것을 볼 수가 있습니다.

이는 예수님께서 성령을 받으시기 전에는 아버지 하나님에 대해서 천국 복음에 대해서 단 한 번도 말씀하시지 않으셨으나 성령을 받으신 후에는 성령의 인도하심 따라서 아버지의 일을 하면서 자기가 하는 일은 자의로 한 것이 아니요 오직 아버지께서 명하신 대로 말씀하시고 행동하시는데 그렇게 하실 수 있는 것은 아버지의 성령이 예수님 안에 들어와 계시기 때문이며 예수님 안에 아버지의 성령이 들어와 아버지의 일을 예수님을 통하여서 하시는 것은 아버지를 예수님을 통하여 보여주고 계신 것이며 이처럼 아버지의 성령이 예수님 안에 계셔서 아버지의 영과 예수님의 영이 아버지의 영으로 하나 되어 예수 안에서 일하시는 것은 아버지와 예수님이 하나이신 상태에 계시는 것이며 이와 같은 상태에 있으면 예수님과 아버지도 하나인 상태이며 이러한 상태에 있으면 아버지의 영으로 말미암아서 예수님이 생각하고 말하고 행동하시기 때문에 예수님은 아버지 하나님과 하나인 상태이며 그러므로 예수님을 본 것은 아버지를 보는 것이다. 라고 말씀하시는 것입니다.

11. 보혜사 성령은 아버지의 영과 아들의 영이 구원받은 사람 속에 들어오시는 것

이렇게 예수님과 하나 되어 계시던 아버지의 영이 예수님이 온 세상 죄 대신 지고 죽은 자 가운데서 부활하여 하늘로 올라가시면 예수님 속에 들어와 예수님을 통하여 일하시던 예수님의 영과 아버지의 성령이 예수 믿고 구원 받아 죄 사함 받고 거룩하여진 믿음의 사람 속에 들어오셔서 예수님의 영과 아버지의 영이 함께 예수 그리스도의 보혜사로 믿음으로 구원받고 죄 사함 받아 거룩하여진 사람의 몸을 성전 삼고 그 속에 들어와서 예수님이 세상에 계실 동안에 하시던 것과 똑같은 일을 예수 믿고 구원받아 하나님의 자녀가 되며 성령 받은 그리스도인들에게 오셔서 그를 사용하며 예수님이 이 땅에 오셔서 하시던 일을 예수 믿고 구원받고 성령 받은 그리스도인을 통하여 예수님과 똑같이 할 수 있게 하신다는 것입니다(행 1:8).

이 모든 것이 하나님의 계획입니다. 하나님의 계획을 부인하고 베뢰아 측의 주장이 옳다고 시인하는 것은 베뢰아를 성경 위에 올려놓은 사단적인 것이 됩니다.

12. 보혜사 성령을 받으면 예수님이 하신 일을 할 수 있다

그러므로 성경은 기록하기를 "나를 믿는 자는 나의 하는 일을 저도 할 것이요 이보다 큰 것도 하리니 이는 내가 아버지께로 감이니라"(요 14:12)라고 하시고 예수님이 죽은 자 가운데서 부활하여 하늘로 올라가시기 전에 말씀하시기를 "오직 성령이 너희에게 임하시면 너희가 권능을 받고 예루살렘과 온 유대와 사마리아와 땅끝까지 이르러 내 증인이 되리라 하시니라"(행 1:8)라고 하시고, 하늘로 올라가신 후에 10일 만에 마가의 다락방 기도하던 120여 명에게 성령을 보내주신 것이며 그 성령의 역사는 오늘까지 이어지고 있는 것입니다. 사도행전을 보면 베드로가 기도하고 안수할 때에 성령이 임하였으며(행 8:14-17) 베드로의 그림자만 지나가도 병자들이 고침 받는 것을 기록하고 있습니다(행 5:15).

이처럼 예수 믿고 구원받고 죄 사함 받고 부활하신 주님의 권능으로 영적 전투에 승리하여 사망 권세를 이기고 하나님의 영광이 나타날 때 그 거룩한 성전 된 몸속에 성령이 임하시는 것이며 성령이 임하시고 성령님께 순종하면 그때부터 놀라운 기적이 나타나게 되어있는 것입니다. 그러므로 기적은 순종하는 자에게 들어오신 성령의 능력인 것입니다.

13. 점쟁이들이 점치는 것은 귀신이 들린 것

시아버지 귀신이 들려서 강신굿을 하고, 지역의 모든 책임자 귀신들에게 신고하고, 점쟁이가 된 각시는 신당을 꾸미고, 귀신을 모시는 시설을 하고, 강신굿을 마친 후 점쟁이가 되어 점을 치기 시작했습니다.

점쟁이가 되면 부자 만들어주고 호강시켜주겠다고 달콤한 말로 점쟁이를 통하여 유혹하던 귀신이 하라는 대로 재산 털어 바쳐가며 다 하고 점쟁이 막대기 세우고 신당 차리고 점을 하니 새로운 문제가 생겼습니다. 점을 치거나 어디엔가 가서 굿을 하고 복채를 받으면 귀신이 '돈 벌어 주니까 너만 먹을 거냐'고 하면서 시장을 봐다가 저를 섬기라고 졸라대며 만일에 요구하는 대로 하지 않으면 몸을 두들겨 패고 짓눌러서 견딜 수 없게 하는 것이었습니다. 그러면 어쩔 수 없이 벌었던 돈 가지고 시장을 봐다가 차려놓고 또 두드리면서 치성드리는 의식을 해야 했습니다.

그런데 또 다른 문제가 생겼습니다. 하나 있는 네 살 먹은 딸아이가 점을 치면 무릎에 앉아서 점치는 소리를 다 듣고 있다가 이 젊은 각시가 하는 대로 똑같이 하는 것이었습니다. 그런데 또 신기한 현상도 있었습니다. 점치러 오면 귀신이 나와서 가르쳐 주는 것이었습니다. 그뿐만 아니라 어디엔가 굿하러 가서 굿을 하고 돌아오면 대문간에 수많은 신이 양쪽으로 기립하여 서서 예를 표하는 것이었습니다.

이 젊은 각시는 고민에 빠졌습니다. 해보니 할 짓이 못되고 부자가 되는 것도 아닌데 산 사람이 귀신들 종노릇이나 하면서 산다는 것

기독교와 영의 세계

이 한심스러웠고 더욱 문제 되는 것은 하나밖에 없는 딸이 점쟁이 흉내를 완전하게 내는데 그 딸도 꼭 점쟁이 될 것 같은 불안감에 싸여서 고민하던 중 어떻게 하든지 귀신을 떼고 점쟁이를 청산해야겠다고 결심하고 귀신을 떼려는 방법을 찾았으나 이런저런 방법 해봐도 해결 받지 못하고 고통 중에 있다가 어떤 분의 소개로 필자에게 왔습니다.

14. 귀신은 불신자의 사후 영이 아니고
마귀의 졸개들 타락한 천사

필자가 맨 먼저 가르쳐 준 것은 그 귀신은 죽은 시아버지와 친척들이 아니라는 것과 지금까지 속아왔다는 것을 가르쳐 주고 시아버지 귀신이 아니요, 시아버지는 음부에 갇혀서 예수 잘 믿기를 간절히 바라고 있는데 마귀의 사자들이 속이며 종 삼는 것이니 조상의 뜻에 따라 예수 영접하고 속이는 귀신은 예수 이름으로 쫓아내면 나가게 되어있다고 가르쳐주며 하겠느냐고 하니 지금까지 모르고 속아서 고생하고 허송세월한 것을 후회하면서 예수를 구주로 영접하고 섬기던 귀신을 예수 이름으로 저주하고 쫓아내며 신당을 뜯어다가 저수지 배수문에 불사라 없애고 믿음 생활 열심히 하니 그 각시는 그 후 믿음 생활 열심히 하면서 귀신에게 해방 받고 자유를 누리며 행복한 그리스도인으로 살고 있습니다. 이것은 하나의 단편적인 예이고 이러한 예는 수없이 많습니다.

본인의 경험으로는 죽은 아무개라고 인정해 주니 잘 나가는 것이
아니고 계속해서 반복적으로 들어와서 속이는 일을 반복할 뿐입니다.

15. 귀신과 대화하고 귀신의 말을 믿는 것은 속는 것이다

그러므로 불신자 사후의 영이 귀신이라고 하면서 네가 누구냐고
묻고 귀신을 대하는 것은 귀신의 정체를 드러내는 것이 아니요, 귀신
에게 속아서 마귀의 종노릇 할 뿐임을 알아야 합니다. 진실로 귀신의
정체를 드러내는 것은 하나님의 말씀에 근거하여 영의 세계를 바로
알아서 귀신을 쫓아내고 말씀의 바른 지식을 가지고 어둠의 세력과
싸워서 승리하므로 하나님의 영광이 나타나게 하고 하나님의 영광을
높이는 그리스도인으로 사는 삶을 살아야 합니다(고후 11:14-15).

기독교와 영의 세계

제19장
베뢰아의 주장은
귀신의 가르침

1. 하나님은 거짓말을 하지 않으신다(히 6:18)

더러운 것을 좋아하면 더러워지게 됩니다. 하나님의 거룩한 자녀가 귀신의 가르침대로 책을 만들어 그것이 옳다고 주장하는 것 자체가 바로 귀신의 대변인 노릇을 하는 것입니다. 하나님의 말씀에 의하지 않고 하나님의 말씀을 반대로 해석하여 하나님을 바로 알 수 있다는 주장은 그 주장 자체가 마귀에게 속은 것입니다.

하나님이 사람을 만드신 것이 예수님이 하늘 보좌를 물려받는 데 사용하기 위해서라고 하면 하나님이 사람을 사랑하신다고 하면서 하신 모든 약속은 다 거짓말이 됩니다. 심지어는 하나님은 진실하시다 하시고 하나님의 말씀이 진리라고 하는 것도 다 거짓말이 됩니다. 하나님이 이러한 거짓말을 참이라고 주장한다면 하나님과 거짓말쟁이

인 하나님의 원수 마귀와 같다는 결론에 이르게 됩니다.

하나님이 선악과를 만드시고 사람에게 먹지 말라고 하셨는데 하나님의 뜻은 먹지 말라고 하셨으나 사실은 먹기를 바라고 계셨다는 결론에 이르게 됩니다. 그 까닭은 사람이 먹어야 죄인이 되고 죄인이 돼야 예수님이 내려와 죽을 수 있고 내려와 재물로 죽어야 하늘 보좌를 유업으로 받을 수 있으니 하나님이 선악과를 만드신 목적은 사람을 죄인 만들기 위해서 선악과를 지으셨다는 결론에 이르게 되고 그러므로 하나님이 먹지 말라고 하신 것은 선악과를 만드신 목적에 맞지 않은 명령을 하신 것이며 하나님의 본래의 뜻은 사람이 먹고 죄 짓는 것이라는 것입니다.

이 모든 주장은 거짓말쟁이 마귀의 주장과 일치하는 것이며 하나님의 말씀을 마귀의 거짓을 끌어들여서 마귀와 같게 만들어 놓은 것으로 죄를 짓는 것이며 지옥 가게 되는 것입니다.

2. 베뢰아 측의 주장은 마귀의 거짓말을 진실하게 받아들인 결과이다(요 8:44)

베뢰아 측의 이 주장이 사실이라면 예수 믿는 사람은 무엇에 근거하여 신앙생활을 할 것인지 근거를 상실하게 됩니다. '먹지 말라' 라고 하셨다. 그러나 먹기를 바라셨다. 이것이 사실이라면 하나님의 뜻에 맞는 삶이란 불순종하는 것이라는 결론을 얻게 됩니다. 명령하시고

기독교와 영의 세계

불순종하기를 바라신다. 이런 식의 해석은 하나님은 진실하지 않고 거짓말을 하시며 원칙과 기준이 없고 하나님의 뜻을 행하려면 말씀에 순종할 것이 아니라 마귀가 주는 죄의 유혹을 받아들이는 것이 옳다는 결론에 이르게 됩니다. 이것은 마귀의 가르침 色不異空 空不異色과 같은 것입니다.

생각 없이 자기의 주장을 합리화하기 위해서 사람들을 멍청이로 여기고 되지도 않은 말을 함부로 하면서 그것이 진리라고 주장해도 좋다고 생각하는 것은 참 그리스도인의 생각이라고 할 수도 없고 예수를 주인 삼은 종의 생각이라고 할 수도 없습니다. 이것은 귀신의 사주를 받아들인 것입니다. 하나님만이 진실하시고 마귀와 귀신은 거짓말쟁이입니다.

성경을 해석하고 적용하는데 꼭 지켜져야 할 원칙이 있습니다. 보이지 않는 하나님이 전능하신 능력으로 우주와 만물을 창조하시고, 하나님의 형상과 모양대로 사람을 만드셨으며 그 사람에게 하나님의 생기를 불어넣어 하나님과 같은 산 영이 되게 하시고, 하나님과 신령한 교제를 이루며 하나님이 약속하신 복을 받아 누리게 하셨으며, 사람은 하나님과 교통하고 하나님의 인도를 받으며 하나님의 함께하시는 그 은혜와 능력으로 하나님이 만드신 피조 세계를 지배하고 다스리고 정복하며, 하나님의 영광을 나타나게 하셨다는 것입니다. 이 하나님은 사람에게 말씀하시며 사람은 하나님의 말씀에 순종하므로 하나님의 은혜로 살게 하셨다는 것입니다.

그러나 사람이 하나님의 이 놀라운 은혜를 누리는 데에는 조건이 있으니 하나님만 알고 마귀를 알아서는 안 된다는 것입니다.

3. 마귀는 거짓말쟁이, 사망의 신,
어둠의 신, 더러운 신(엡 6:12)

마귀는 거짓말쟁이 신이고 어둠의 신이고 사망의 신이고 더러운 신이어서 마귀를 알게 되면 하나님과 교통하던 영이 마귀의 종이 되므로 하나님의 은혜에서 떠나고 마귀의 종이 되면서 고통과 저주에 놓이게 되고 지옥에 가게 되기 때문에 그러므로 마귀를 아는 일을 금하신 것입니다. 그러나 베뢰아 측은 하나님이 '선악과를 먹지 말라' 라고 명령하셨음에도 사람이 먹어야 하나님의 계획이 완성될 수 있었으니 먹기를 바라고 있었다는 것입니다.

이러한 해석은 마귀론을 정당화하기 위한 베뢰아 측의 소설인 것이지 하나님의 말씀과는 상관이 없는 잘못된 주장이요. 성경을 육적으로 마귀의 주장과 일치하게 해석한 결과입니다. '하나님이 정녕 죽으리라' 라고 하신 것은 영이 죽는다는 것이요, '뱀이 죽지 아니하리라' 라고 하는 것은 육이 죽지 않는다는 것입니다.

4. 하나님을 이중인격자로 보는 것은 마귀와 동
   일시하는 것(마 5:48)

성경은 보이지 않는 영이신 하나님이 보이는 세계를 만드시고 그 중에 하나님과 교통할 수 있는 사람을 만드시고 하나님의 은혜로 행복하게 사는 것을 보시는 것이 하나님의 뜻임을 말하고 있습니다. 성경이 계속해서 반복적으로 강조하는 것은 '죄짓지 말라', '더러워지지 말라', '거룩해라', '의롭게 살아라', '진실해라' 라고 하는 것이 하나님의 말씀이며, 이 말씀을 가장 완전하게 표현하신 내용이 "하늘에 계신 너희 아버지의 온전하심과 같이 너희도 온전하라"(마 5:48)라고 하신 예수님의 말씀입니다.

예수님의 말씀으로 베뢰아 측의 주장을 해석해보면 하나님의 말씀을 듣고 마귀의 말을 들으며 마귀의 유혹에 따라 하나님의 말씀을 의심하고 불순종하기를 바라는 것이 하나님의 뜻이며 이 하나님의 뜻을 따라서 마귀처럼 이중성을 가지고 의심을 하며 불순종하여 마귀의 말을 듣고 죄를 짓는 것이 온전한 것이라는 것과 같습니다.

5. 자기 좋을 대로의 성경해석은 인본주의 중에
   최고의 인본주의

성경을 이렇게 해석하고 하나님이 이러한 하나님이라고 믿는다면 성경을 보는 기준도 무너지고 성경을 해석하는 원칙도 무너지고 특정인의 주장을 따라서 갈 수밖에 없다는 결론에 이르게 되며, 이렇게 되면 하나님의 뜻과 상관없이 그럴싸하게 이론을 전개하여 옳다고 주장하는 내용이 마음에 들면 그것을 따라가는 수밖에 없게 되며, 이렇게 되면 기독교는 말씀은 분명하나 그 말씀 속에 하나님의 이중성이 있으니, 결론적으로는 자기가 좋은 해석을 하여 온전한 순종보다는 불순종하면서도 귀신만 쫓아내면 된다는 해괴한 결론에 이르게 되고, 이것이야말로 인본주의 중에 최상의 인본주의라고 할 수 있는 것입니다. 하나님의 말씀대로 사는 것이 신본주의이지 귀신만 쫓아내면 신본주의라는 것은 비성경적이며 이러한 주의는 무속주의라고 해야 합니다.

6. 하나님과 말씀과 성령은 하나이고 진실하다(요 17:21-22)

성경은 하나님과 말씀이 하나님 되심을 말하고 있고, 하나님과 아들이 하나임을 말하고 있고, 하나님과 성령이 하나임을 말하고 있습니다. 그러므로 성경은 말하기를 "태초에 말씀이 계시니라 이 말씀이 하나님과 함께 계셨으니 이 말씀은 곧 하나님이시니라"(요 1:1)라고 하시고, "그가 태초에 하나님과 함께 계셨고 만물이 그로 말미암아 지은 바 되었으니 지은 것이 하나도 그가 없이는 된 것이 없느니라"(요 1:2~3)라고 말씀하십니다. 또 성경은 말하기를 "하나님은 영이시니 예배하는 자가 영과 진리로 예배할지니라"(요 4:24)라고 말씀하시므로 하나님은 영이심

기독교와 영의 세계

을 말해주고 있습니다. 또 기록된 말씀을 보면 "내가 너희에게 이른 말은 영이요 생명이라"(요 6:63)라고 하시고, "내가 너희에게 이르는 말은 스스로 하는 것이 아니라 아버지께서 내 안에 계셔서 그의 일을 하시는 것이라"(요 14:10)라고 말씀하시므로 예수님의 모든 말씀은 곧 하나님 아버지의 말씀이라는 사실을 예수님이 친히 증거 해주십니다.

또 성경은 기록하기를 "하나님이 이 모든 말씀으로 말씀하여 이르시되 나는 너를 애굽 땅, 종 되었던 집에서 인도하여 낸 네 하나님 여호와니라 너는 나 외에는 다른 신들을 네게 두지 말라 너를 위하여 새긴 우상을 만들지 말고 또 위로 하늘에 있는 것이나 아래로 땅에 있는 것이나 땅 아래 물 속에 있는 것의 어떤 형상도 만들지 말며 그것들에게 절하지 말며 그것들을 섬기지 말라 나 네 하나님 여호와는 질투하는 하나님인즉 나를 미워하는 자의 죄를 갚되 아버지로부터 아들에게로 삼사 대까지 이르게 하거니와 나를 사랑하고 내 계명을 지키는 자에게는 천 대까지 은혜를 베푸느니라"(출 20:1-6)라고 말씀하신 것을 볼 수 있습니다.

7. 하나님의 말씀에 모순은 없다

중요한 것은 하나님을 확실히 아는 것입니다. 그리고 하나님을 믿는 것입니다. 그런데 또 다른 놀라운 주장이 있습니다. 하나님의 권위는 모순에 있다고 합니다. 모순이 무엇입니까? 우리가 잘 아는 바와 같이 모순이란 이치에 맞지 않고 말도 안 되는 억지 논리와 주장을 말할 때 사용하는 용어입니다.

창과 방패를 파는 어떤 무기상이 있었는데 이 사람이 말하기를 이 방패는 세상에 있는 어떤 창도 뚫을 수 없는 최고의 방패입니다. 이 방패 하나면 세상에 있는 어떤 창의 공격도 다 막아낼 수 있다고 방패를 선전하였습니다. 창에 대해서는 말하기를 이 창은 세상에 있는 어떤 방패도 다 뚫을 수 있습니다. 이 창으로 뚫을 수 없는 방패는 없다고 말하였습니다. 이 무기 장사꾼의 말을 들어볼 때 창과 방패의 선전 중 분명 한 가지는 거짓말인데 어떤 말이 거짓말인지 알 수가 없습니다. 그러므로 고개를 갸웃거리다가 선택을 포기하고 거짓말이라고 생각하며 떠납니다. 그런데 하나님 말씀의 권위가 모순이라는 말은 다른 말로 하면 하나님의 말씀은 믿을 것이 못 된다고 하는 것과 같은 의미입니다. 하나님의 말씀은 믿을 것이 못 된다고 하면서 믿으라고 하는 말과 하나님은 선악과를 먹지 말라고 하셨을지라도 하나님의 계획을 이루기 위해서는 먹어야 한다고 하는 말의 내용이 너무 같은 것입니다.

베뢰아 측의 이 주장이 모순이지 성경은 어디에도 모순이 없습니다. 말이 되지도 않고 비성경적인 주장을 하면서 옳다고 하는 것은 마귀의 거짓말입니다.

8. 인본주의적 성경해석은 궤변이고 하나님과 관계없다

그뿐만 아니라 마귀를 놓고 볼 때도 이처럼 해석한다면 하나님이 사람을 만드신 것은 마귀 때문에 마귀를 정죄할 도구로 만들었으니 또한 마귀를 정죄해야만 예수님이 하나님 보좌 우편을 차지할 수 있으니 마귀의 존재는 예수님이 하늘 보좌를 상속하는데 필요한 존재였다는 해석이 나오며 그렇게 해석한다면 마귀는 필요한 존재요. 사람은 마귀에게 속아서 죄를 지어야만 하는 존재로 하나님이 이미 결정해 놓으셨다면 하나님이 인간에게 믿음으로 말미암아 받는 축복의 약속은 거짓된 것이며 하나님이 이미 만들어 놓으신 계획 속에 사람을 넣어서 그 사람으로 말미암아 하나님의 계획을 이루기 원하셨다는 것과 같은 말씀입니다. 그러나 이러한 해석은 베뢰아 측의 주장인 마귀 진멸이라는 거짓된 논리를 정당화하기 위하여 베뢰아 사람이 만들어 낸 하나님의 뜻과는 거리가 먼 비성서적 해석이요 주장입니다. 이 주장이 모순이요. 성경에는 모순이 없습니다. 베뢰아는 자기들의 주장으로 성경을 모순으로 만들고 있습니다.

9. 성경해석은 하나님의 말씀과 일치해야!

성경 해석은 하나님의 말씀과 일치해야 합니다. 성경 해석으로 성경의 다른 말씀을 부정하면 그 해석은 근본적으로 잘못된 것입니다. 마귀 진멸을 중시한 베뢰아 측의 해석에서 가장 문제가 되는 것은 예수님이 새 계명으로 주신 하나님의 사랑을 부정하고 있는 것입니다. 예수님이 말씀하시기를 "새 계명을 너희에게 주노니 서로 사랑하라 내가 너희를 사랑한 것 같이 너희도 서로 사랑하라"(요 13:34)라고 말씀하셨습니다. 예수님이 주신 사랑의 계명은 예수 그리스도를 통한 하나님의 사랑을 말씀하고 있습니다. 그러므로 "우리가 아직 죄인 되었을 때에 그리스도께서 우리를 위하여 죽으심으로 하나님께서 우리에 대한 자기의 사랑을 확증하셨느니라"(롬 5:8)라고 말씀하신 것입니다. 예수님이 이 땅에 오심은 우리에게 대한 하나님의 사랑을 확증해 주시는 말씀입니다.

10. 사랑을 인본주의란
하나님이 인본주의라 하는 것과 같다

예수님이 명령하신 사랑의 계명은 예수님의 사랑으로 하나님을 사랑하고 형제를 사랑하고 이웃을 사랑하라는 것입니다(마 22:37-40). 예수님의 사랑은 무엇입니까? 예수님의 사랑은 우리 같은 죄인들을 구원하기 위해서 자기 목숨을 제물로 드린 하나님의 사랑입니다. 이에 대하여 예수님이 말씀하시기를 "인자가 온 것은 섬김을 받으려 함이 아니라 도리어 섬기려 하고 자기 목숨을 많은 사람의 대속물로 주려 함이니라"(마 20:28). 예수님의 하나님에 대한 사랑은 하나님의 명령에 목숨 바쳐서 순종하는 것입니다.

예수님의 사람에 대한 사랑은 죄인 된 사람을 구원하기 원하시는 하나님의 사랑을 이루기 위해서 자기의 목숨을 모든 사람의 죄를 대신 지고 십자가 위에서 죽으시는 것입니다. 자기의 몸을 제물로 드려 살을

기독교와 영의 세계

찢고 피를 흘려서 죽으시므로 죄인을 죄에서 구원하고 마귀의 올무에서 건져내기 원하는 하나님의 사랑을 증명하신 것입니다. 그러므로 예수님의 사랑은 우리 같은 죄인을 구원하는데 자기의 목숨을 제물로 희생시킨 사랑입니다. 그리스도인들에게 예수님의 이 사랑으로 하나님을 사랑하고 형제를 사랑하고 이웃을 사랑하라고 말씀하신 것입니다.

제20장

하나님은 사랑
예수님은 사랑

1. 사랑은 하나님이 주신 최고의 계명

그러므로 예수님은 이 사랑을 어떻게 실천할 것인가에 대하여 "예수께서 이르시되 네 마음을 다하고 목숨을 다하고 뜻을 다하여 주 너의 하나님을 사랑하라 하셨으니 이것이 크고 첫째 되는 계명이요 둘째도 그와 같으니 네 이웃을 네 자신 같이 사랑하라 하셨으니 이 두 계명이 온 율법과 선지자의 강령이니라"(마 22:37-40)라고 말씀하신 것을 볼 수 있습니다. 이는 하나님을 사랑하되 마음과 목숨과 뜻을 다해 사랑하라 하시고 하나님에 대한 사랑으로 이웃을 사랑하라고 말씀하신 것입니다.

이는 다른 말로 하면 하나님에 대한 온전한 순종으로 하나님에 대한 사랑을 보이며 하나님의 사랑으로 형제와 이웃을 사랑하라 하시고

기독교와 영의 세계

이 두 계명이 율법과 선지자의 강령이라 말씀하시므로 이 두 계명 속에 모든 율법이 다 들어있음을 말해주고 있습니다.

베뢰아 측은 예수 이름으로 귀신 쫓는 것은 힘써 하면서 사랑의 말씀에 대한 순종은 없습니다. 그들의 신앙 목적은 마귀 진멸일 뿐이며, 귀신의 가르침 따라 귀신을 쫓아내므로 무속을 성경 위에 올리는 것입니다.

2. 사랑은 목숨 걸고 지켜야 할 최고의 계명

또한, 사랑을 실천하는데 세상 것들과의 관계에 대해서는 "아버지나 어머니를 나보다 더 사랑하는 자는 내게 합당하지 아니하고 아들이나 딸을 나보다 더 사랑하는 자도 내게 합당하지 아니하며"(마 10:37)라고 하시고, "또 자기 십자가를 지고 나를 따르지 않는 자도 내게 합당하지 아니하니라"(마 10:38)라고 말씀하신 것을 볼 수 있습니다. 이는 예수님을 사랑하는데 세상에 무엇과도 비교할 수 없는 최고의 사랑으로 사랑할 것을 요구하고 있습니다.

세상에 부모님보다 더 소중한 분은 없습니다. 떼려고 해도 뗄 수 없는 관계요. 바꾸려 해도 바꿀 수 없는 관계이며 세상에 누구보다도 자기를 가장 사랑해 주시는 분입니다. 세상에 태어나서 부모의 사랑 속에 성장해서 한 사람의 인격체로서 존재하고 있기에 사람은 누구나 그 부모가 가장 소중한 존재요. 사랑의 대상이라고 할 것입니다. 그러나 예수를 안 뒤 예수를 사랑하기 원하면 예수를 세상에 무엇과 비교할 수 없는 최고의 사랑으로 사랑해야 한다는 것입니다.

하나님 사랑하고 예수님 사랑하기를 자기 목숨보다 더 사랑하고 부모보다 더 사랑해야 이것이 하나님이 명령하신 사랑의 계명을 지키는 것이라는 말입니다. 이것이 신본주의입니다.

3. 예수님은 모든 기준을 말씀 중심으로 보셨다

그러므로 예수님이 말씀하시기를 "더러운 귀신이 사람에게서 나갔을 때에 물 없는 곳으로 다니며 쉬기를 구하되 쉴 곳을 얻지 못하고 이에 이르되 내가 나온 내 집으로 돌아가리라 하고 와 보니 그 집이 비고 청소되고 수리되었거늘 이에 가서 저보다 더 악한 귀신 일곱을 데리고 들어가서 거하니 그 사람의 나중 형편이 전보다 더욱 심하게 되느니라 이 악한 세대가 또한 이렇게 되리라. 예수께서 무리에게 말씀하실 때에 그의 어머니와 동생들이 예수께 말하려고 밖에 섰더니 한 사람이 예수께 여짜오되 보소서 당신의 어머니와 동생들이 당신께 말하려고 밖에 서 있나이다 하니 말하던 사람에게 대답하여 이르시되 누가 내 어머니이며 내 동생들이냐 하시고 손을 내밀어 제자들을 가리켜 이르시되 나의 어머니와 나의 동생들을 보라 누구든지 하늘에 계신 내 아버지의 뜻대로 하는 자가 내 형제요 자매요 어머니이니라 하시더라"(마 12:43-50). 이는 예수님이 세상의 혈육과 모친보다 하나님의 뜻을 행하는 자를 더 소중히 여기심을 보여주고 있습니다.

또 예수님의 말씀을 듣고 놀란 어떤 여인이 "음성을 높여 이르되 당신을 밴 태와 당신을 먹인 젖이 복이 있나이다 하니 예수께서 이르시되 오히려 하나님의 말씀을 듣고 지키는 자가 복이 있느니라 하시니라"(눅 11:27-28).

이 두 말씀을 통하여 예수님의 중심이 어떠한지를 알 수 있습니다. 혈육을 거부하거나 무시한 것은 아니지만 혈육과의 관계보다는 하나님과의 관계를 더 중히 여기고 계심을 볼 수 있습니다. 이는 곧 예수님이 모든 생각과 판단의 기준을 철저하게 하나님 아버지와 하나님의 말씀에 두고 있음을 보여주는 증거가 되는 말씀이라고 할 수 있습니다.

4. 사랑은 하나님이 주신 최고의 계명이며
   믿는 자는 지켜야 할 의무가 있다

예수님의 사랑을 받은 사람, 예수 믿고 구원받은 사람은 이처럼 하나님과 예수님을 사랑해야 할 아름다운 최고의 의무가 반드시 있는 것입니다. 이 하나님에 대한 사랑은 십자가일 수도 있습니다. 이 십자가는 사랑의 십자가이며 이 십자가는 반드시 져야 예수님과 하나님께 합당하다고 말씀하십니다.

만일에 신앙에 있어서 사랑이 없으면 모든 것은 다 헛것이 된다고 합니다. 그러므로 성경은 기록하기를 "내가 사람의 방언과 천사의 말을 할지라도 사랑이 없으면 소리 나는 구리와 울리는 꽹과리가 되고 내가 예언하는 능력이 있어 모든 비밀과 모든 지식을 알고 또 산을 옮길 만한 모든 믿음이 있을지라도 사랑이 없으면 내가 아무것도 아니요 내가 내게 있는 모든 것으로 구제하고 또 내 몸을 불사르게 내줄지라도 사랑이 없으면 내게 아무 유익이 없느니라"(고전 13:1-3).

5. 사랑의 중요성

성령 충만을 받아서 방언으로 기도하고 천사들과 언어가 통할지라도 사랑이 없으면 그런 것은 꽹과리 소리에 불과한 것으로서 사랑이 없는 영적인 능력은 아무 의미가 없다는 것입니다. 또한, 예언을 하고 하나님의 모든 말씀에 대한 지식이 있고 또한 그 믿음이 산을 옮길 수 있을 것 같을지라도 사랑이 없으면 예언의 능력과 말씀에 대한 지식과 산을 옮길 만한 믿음이 아무것도 아니라는 것입니다. 그뿐만 아니라 자기가 가지고 있는 모든 것으로 다른 사람을 도와주고 또한 자기 몸을 불사르게 내어줄지라도 사랑이 없으면 그 구제와 헌신이 아무 유익이 없다는 것입니다.

다른 말로 하면 사랑이 없는 신앙은 그 신앙이 아무리 영성이 있고 지식이 있고 능력이 있고 좋은 일을 많이 해도 사랑이 없으면 아무 유익도 없고 가치도 없다는 것입니다. 이는 다른 말로 하면 사랑이 없는 신앙생활이라는 것은 아무리 잘한 것 같아도 그것은 빈껍데기 같은 것이라는 말입니다. 베뢰아 측은 이 사랑은 인본주의라고 합니다.

6. 하나님은 사랑이시다

왜 이렇게 사랑이 중요하냐? 이는 하나님은 사랑이시기 때문입니다. 그러므로 성경은 사랑의 중요성에 대하여 강조하기를 "사랑하는 자들아 우리가 서로 사랑하자 사랑은 하나님께 속한 것이니 사랑하는 자마다 하나님으로부터 나서 하나님을 알고 사랑하지 아니하는 자는 하나님을 알지 못하나니 이는 하나님은 사랑이심이라. 하나님의 사랑이 우리에게 이렇게 나타난 바 되었으니 하나님이 자기의 독생자를 세상에 보내심은 그로 말미암아 우리를 살리려 하심이라. 사랑은 여기 있으니 우리가 하나님을 사랑한 것이 아니요 하나님이 우리를 사랑하사 우리 죄를 속하기 위하여 화목 제물로 그 아들을 보내셨음이라. 사랑하는 자들아 하나님이 이같이 우리를 사랑하셨은즉 우리도 서로 사랑하는 것이 마땅하도다"(요일 4:7-11).

7. 사랑하지 않는 자는 하나님을 알지 못한다

사랑하는 자는 하나님을 알고 사랑하지 아니하는 자는 하나님을 알지 못하나니 하나님은 사랑이시기 때문입니다. 하나님의 사랑은 독생자를 세상에 보내서 화목 제물로 죽게 하시고 우리와 하나님을 화목케 하신 것입니다. 죄로 말미암아 마귀에게 매어서 마귀의 종노릇하고 있는 불쌍한 죄인들을 살리기 위해서 하나님이 아들 예수님을 보내시고, 우리 죄를 용서하기 위하여 십자가 위에서 죽어, 그 피의 공로를 의지하는 자마다 하나님의 자녀가 되게 하시고, 예수 안에서 하나님의 은혜와 복을 받게 하셨습니다.

성경 전체는 이처럼 하나님의 사랑을 강조하고 있는데 하나님의 사랑을 말하는 것은 인본주의요. 마귀 진멸만이 신본주의라고 하는 것은 성경을 왜곡하고 하나님의 사랑을 외면하는 비 성경적인 잘못된 성경 관입니다. 그렇다면 하나님의 사랑은 무엇이냐? 하나님은 사랑이시오. 예수 그리스도도 사랑이시기 때문에 하나님을 알면 하나님의 사랑을 알 수 있습니다.

8. 하나님은 말씀이시고 영이시다

그러므로 하나님에 대해서 보면 하나님은 말씀이라 하시고 "태초에 말씀이 계시니라 이 말씀이 하나님과 함께 계셨으니 이 말씀은 곧 하나님이시니라 그가 태초에 하나님과 함께 계셨고 만물이 그로 말미암아 지은 바 되었으니 지은 것이 하나도 그가 없이는 된 것이 없느니라"(요 1:1-3)라고 하시므로 성경이 말씀과 하나님은 같다고 말씀하십니다. "하나님은 영이시니 예배하는 자가 영과 진리로 예배할지니라"(요

기독교와 영의 세계

4:24). 하나님은 영이라는 것입니다. 참으로 알 수 없는 신비는 바로 영입니다. 영은 물질이 아니요. 형상이 아니어서 만질 수도 없고, 눈으로 볼 수도 없으나 우주와 모든 공간에 실제로 존재하고 있습니다.

또 경이로운 사실은 이 영이 인격적 기능이 있어서 지식이 있고 감정이 있으며 뜻이 있어서 모든 것을 알고 희로애락을 느끼고 있으며 뜻이 있어서 계획을 세워 그 위에 전능하신 능력까지 있어서 자기가 계획하고 약속한 모든 일을 할 수 있다는 것입니다. 신앙생활에 있어서 가장 중요한 것은 이 영적 기능과 능력과 그 실존을 믿는 것입니다.

9. 마귀와 귀신도 영이나 하나님을 배반한 영이다

영은 하나님만이 아니요, 마귀도 영적 존재이며 귀신들도 영적 존재이며 천사들도 영적 존재이고 놀라운 사실은 사람들도 영적 존재라는 사실입니다. 다른 것은 사람은 육체 속에 영이 있어서 육체와 함께 영을 가지고 생활하지만, 하나님을 비롯한 다른 영적 존재들은 육체가 없이도 기능을 가지고 움직이고 있다는 것입니다.

또 하나 유의할 것은 사람도 육신이 살아 있을 때도 육신 속에서 육신과 함께 살아가지만 육신이 수명을 다하여 영과 육이 분리되면 영은 다른 장소로 옮겨져 그곳에서 심판의 때까지 기다리다가 백 보좌 심판이 끝나면 믿은 자는 영생의 천국으로 믿지 않은 자는 영벌의 지옥으로 떨어져서 영원히 인격적 기능을 가지고 존재한다는 것입니다.

하나님은 말씀이시고 하나님은 영이심을 살펴봤습니다. 하나님이 영이시고 하나님이 말씀이심을 한 문장으로 표현한 내용이 있으니 "내가 너희에게 이른 말은 영이요 생명이라"(요 6 :63)라는 말씀입니다.

10. 예수님은 영이시고 말씀이시고 하나님이시다

예수님은 어떤 분이신가요? 성경은 예수님을 하나님의 아들이시요 하나님이시라고 말씀하십니다. 그러므로 예수님에 대하여 성경은 기록하기를 "다윗의 자손 요셉아 네 아내 마리아 데려오기를 무서워하지 말라 그에게 잉태된 자는 성령으로 된 것이라. 아들을 낳으리니 이름을 예수라 하라 이는 그가 자기 백성을 그들의 죄에서 구원할 자이심이라"(마 1:20-21)라고 말씀하고 계시며 "말씀이 육신이 되어 우리 가운데 거하시매 우리가 그의 영광을 보니 아버지의 독생자의 영광이요 은혜와 진리가 충만하더라"(요 1:14). 이는 예수님은 아버지 아들의 영으로 잉태되신 하나님이시며 예수님은 태초부터 있는 말씀이 육신이 되어 오신 하나님이시라는 것입니다. 그러므로 이어서 "본래 하나님을 본 사람이 없으되 아버지 품속에 있는 독생하신 하나님이 나타내셨느니라"(요 1:18)라고 말씀하고 계신 것입니다.

이를 정리해보면 하나님은 영으로 존재하시는데 영으로 존재하신 하나님이 말씀과 함께 계셨으며 영으로 계시던 하나님이 창세 전에 창조의 계획을 세우시고 말씀으로 우주의 만물을 창조하시고 사람을 하나님의 형상과 모양을 따라 만드셨으며 이 사람에게 말씀으로 행복한 삶의 비결을 알려주시고, 하나님의 행복을 유지하는 방법을 알려주셨으며 하나님은 보고 계시다가 사람이 하나님의 사랑을 모르고 사랑에서 떠나 마귀의 거짓말에 속아서 마귀의 종노릇하니 이를 더럽고 불의하게 여겨 하나님의 은혜와 축복을 받을 수 없게 하셨고, 이들의 고통을 불쌍히 여기신 하나님이 사랑으로 아들 예수님을 보내서 대속 제물로 죽게 하시고, 예수를 믿는 자마다 구원을 받고, 영생을 얻어서 영원히 살게 하셨다는 것입니다.

11. 예수님은 하나님이 주신 사랑의 선물

이 하나님이 사람에게 언제 어느 곳에서든지 죄에서 해방 받고 영적 전투에서 승리하며 평안과 안식을 누리는 삶의 비결을 주셨으니 예수 안에서 예수를 주인 삼고 예수님께 순종하는 삶을 살게 하신 것입니다.

이는 눈에 보이지 않는 하나님이 말씀으로 자신을 사람에게 계시하시고, 은혜와 축복을 주셨으나 간사한 마귀에게 속은 사람이 저주를 받아 마귀의 종노릇 하고 있으니 이들을 구하기 위해서 이스라엘을 택하시고 계명을 주시며 행복의 방법을 율법으로 알게 해주셨으나 사람이 율법을 지키지 못하여 여전히 마귀의 저주에서 벗어나지 못하니 아들 예수님을 보내서 주인으로 믿고 섬기는 자마다 영생을 얻고 영원히 살게 하신 것입니다.

문제는 하나님이 하신 이러한 일들이 사정 돌아가는 것에 따라서 하나님께서 즉흥적으로 하신 것이냐 아니면, 하나님의 면밀한 계획에 의해서 하신 것이냐에 대한 해석입니다. 이 부분에 대하여 칼빈의 예정론은 하나님께서 창세 전에 구원받을 자를 미리 다 정해 놓으셨다고 주장합니다. 그러나 알미니안 주의의 자유의지론은 하나님께서 죄인을 구원하기 위하여 예수 그리스도를 통한 구원의 계획은 창세 전에 세워 놓으셨으나 개인의 구원까지는 정해 놓지 않으시고 믿는 자들은 다 구원을 받도록 정해 놓으셨다는 것입니다.

12. 사람을 마귀 심판의 도구로 창조했다는 주장은
하나님의 사랑을 부정한다

그런데 여기에서 베뢰아 측의 주장은 하나님께서 아들 예수님에게 하늘 보좌를 유업으로 상속해 주기 위해서 이 세상에 오셔서 마귀를 심판하셔야 했고, 마귀를 심판하는데 필요한 도구로 사람을 만들었다는 것입니다. 그러므로 사람은 하나님의 계획을 이루기 위하여 만든 피조물이며 하나님의 계획에 쓰임 받는 대가로 하늘 나라를 유업으로 영생할 수 있는 특별한 은혜를 주셨다는 것입니다.

그러나 베뢰아 측의 이러한 주장은 그 생각 속에서 나온 것일 뿐 성경 어디에도 근거가 없습니다. 단지 성경은 하나님에 의한 창조와 하나님에 의한 종말이 기록돼 있고 사람으로 하여금 하나님의 말씀을 믿음으로 받아 종말을 준비하고 영생을 얻어 누릴 것을 약속하고 계실 뿐입니다.

민음의 사람들이 유의해야 할 것은 자기 생각으로 성경을 재구성하거나 짜깁기하지 말고 성경을 그대로 받아들여야 한다는 것이요. 어느 한 편의 성경 말씀만 중요하게 여기고 어느 한 편의 성경 말씀은 가볍게 여겨서 성경으로 성경을 평가하지 말아야 한다는 것입니다.

13. 성경에 나와 있는 하나님의 뜻과 핵심내용

성경은 전체적으로 하나님이 하나님의 사랑을 드러내 보이고 있는 아름다운 행복의 동산과 같은 것이며 이 행복의 동산을 구성하고 있는 각종 요소를 따로 떼어내서 이것만 좋다 하고 다른 것은 그르다 하는 평가를 하지 말아야 합니다.

그러므로 성경은 보이지 않는 하나님이 영으로 계신 것과 하나님이 보이는 세상을 창조하신 것과 하나님이 하나님과 교통할 수 있는 피조물로 사람을 만드신 것과 하나님이 만드신 사람에게 말씀으로 하나님의 뜻을 계시하신 것과 하나님이 계시한 하나님의 뜻을 행하지 못하는 사람들에게 아들을 보내서 하나님의 뜻을 행하는 모습을 보여주신 것과 아들 예수를 마음속에 모시고 주인 삼을 때에 하나님이 함께하시고 아들과 함께 행복한 사람이 되게 하신 것과 그 아들이 모든 사람의 죄를 대신 지고 죽어서 누구든지 예수를 믿으면 예수 안에서 믿음으로 모든 죄를 사함받는 것과 거룩해진 사람이 부활하신 예수님의 능력으로 사망 권세를 이기고 승리하는 것과 예수님이 보내주신 보혜사 성령을 받으면 성령의 능력으로 예수님이 하신 일을 그도 할 수 있음을 보여주고 있습니다.

그리고 이 모든 일을 행하신 하나님을 사랑의 하나님이라 하고, 이 하나님을 믿음으로 순종하는 것을 하나님의 사랑을 받는 것이라 하고, 이 하나님을 위하여 헌신하고 충성하는 것을 하나님을 사랑하고 형제와 이웃을 사랑하는 것이라고 합니다.

14. 사랑이 없는 신앙은 불법이다

따라서 세상에서 아무리 믿음 생활 잘하는 것 같을지라도 사랑이 없으면 그것은 아무 의미가 없고 그것을 불법이라고 하는 것입니다. 그러므로 예수님 말씀하시기를 "주여 주여 우리가 주의 이름으로 선지자 노릇 하며 주의 이름으로 귀신을 쫓아내며 주의 이름으로 많은 권능을 행하지 아니하였나이까 하리니 그 때에 내가 그들에게 밝히 말하되 내가 너희를 도무지 알지 못하니 불법을 행하는 자들아 내게서 떠나가라 하리라"(마 7:22-23).

불법이 무엇입니까? 성경은 말하기를 "죄를 짓는 자마다 불법을 행하나니 죄는 불법이라"(요일 3:4)라고 말씀하시므로 하나님의 능력을 행했다 하더라도 죄를 짓고 하는 것은 도무지 알지 못한다고 하시고 능력을 행한 것으로 천국 갈 것을 인정하지 않겠다고 하신 것입니다.

그렇다면 죄는 무엇일까요? 죄는 계명을 범하는 것을 말합니다. 계명 중에 최고의 계명은 무엇입니까? 성경은 이것을 예수님이 주신 사랑의 계명이라고 하십니다. 예수님이 말씀하시기를 "새 계명을 너희에게 주노니 서로 사랑하라 내가 너희를 사랑한 것 같이 너희도 서로 사랑하라"(요 13:34)라고 하시고, 이 계명의 중요성에 대하여 "네 마음을 다하고 목숨을 다하고 뜻을 다하여 주 너의 하나님을 사랑하라 하셨으니 이것이 크고 첫째 되는 계명이요 둘째도 그와 같으니 네 이웃을 네 자신 같이 사랑하라 하셨으니 이 두 계명이 온 율법과 선지자의 강령이니라"(마 22:37-40)라고 말씀하시므로 사랑이 그리스도인들이 추구해야 할 신앙 행위의 최고의 가치라고 하신 것입니다.

따라서 능력 행하는 것은 사랑의 행위 중 일부에 속한 것이지 그 자체가 신앙의 목적이나 목표가 될 수는 없다는 것입니다. 사랑의 계명을 지키지 않고 인본주의라 하는 것은 불법이며, 귀신 쫓고 병을 고친다 해도 지옥에 가게 됩니다.

15. 능력 행하는 것은 사랑 안에서 이루어지는 표적의 일부이다

귀신 쫓고 병 고치는 것은 하나님에 대한 사랑을 바로 알고 사랑을 실천하기만 하면 귀신은 틈탈 수 없고 마귀는 속일 수 없으므로 마귀의 역사는 그리스도 예수 안에 있는 하나님의 사랑 안에서 무용지물이 되는 것이며 그리스도인들은 하나님의 사랑 안에서 예수 그리스도의 능력과 권세를 행할 수 있는 것입니다.

그러므로 예수님이 말씀하시기를 "너희가 내 안에 거하고 내 말이 너희 안에 거하면 무엇이든지 원하는 대로 구하라 그리하면 이루리라. 너희가 열매를 많이 맺으면 내 아버지께서 영광을 받으실 것이요 너희는 내 제자가 되리라. 아버지께서 나를 사랑하신 것 같이 나도 너희를 사랑하였으니 나의 사랑 안에 거하라. 내가 아버지의 계명을 지켜 그의 사랑 안에 거하는 것 같이 너희도 내 계명을 지키면 내 사랑 안에 거하리라. 내가 이것을 너희에게 이름은 내 기쁨이 너희 안에 있어 너희 기쁨을 충만하게 하려 함이라"(요 15:7-11)라고 말씀하신 것을 볼 수 있습니다. 중요한 것은 사랑의 계명을 지키는 것이요 귀신을 쫓아내는 것이 아닙니다.

16. 사랑의 계명은 아버지의 능력이다

이는 그리스도인들이 예수와 하나 되어 그리스도인이 예수 안에 있고 그리스도인 안에 예수님의 말씀이 있으면 삶의 모든 문제가 해결되고 하나님의 약속하신 영광스러운 열매가 맺어지게 된다는 것입니다.

그리스도인이 예수 안에 있다 함은 그리스도인의 삶 중에 예수의 모습이 나타나는 삶을 사는 것을 말하고 예수님의 말씀이 그리스도인 안에 있는 것은 마음과 생각이 말씀의 은혜로 온전하여진다는 것을 의미합니다. 그러므로 이와 같은 믿음으로 사는 자는 삶의 문제가 다 없어지고 하나님의 영광이 나타난다는 것입니다.

이어서 예수님은 자신이 능력을 행하여 귀신을 쫓고 병을 고치며 능력을 행하는 것이 아버지의 사랑 안에 있기 때문이라 하시고 아버지의 사랑은 아버지의 계명을 지키는 것이라고 말씀하십니다. 예수님이 아버지의 계명을 지켜서 아버지의 사랑 안에 거하여 그 아버지의 능력으로 모든 능력을 행하신 것과 같이 그리스도인들이 예수님의 계명을 지키면 예수님이 경험한 아버지의 사랑의 능력을 예수 믿고 구원받은 그리스도인들도 같이 누릴 수 있다는 말입니다.

베뢰아 측이 사랑을 인본주의라 하고 마귀 진멸을 신본주의라 하는 것은 하나님의 말씀을 믿을 것이 못 되는 모순으로 만드는 중대 범죄를 하는 것으로 지옥에 가게 됩니다.

17. 사랑을 실천하면 기쁨이 넘친다

이에 대한 보다 구체적인 내용이 예수님의 다음 말씀에 있습니다. "내가 이것을 너희에게 이름은 내 기쁨이 너희 안에 있어 너희 기쁨을 충만하게 하려 함이라"(요 15:11). 아담과 하와는 하나님의 계명을 범하고 죄를 지은 결과로 기쁨은 사라지고 근심이 생기며 두려움이 엄습

했습니다. 그러므로 이들은 하나님을 만날까 두려운 나머지 숨게 되었습니다(창 3:10). 그러나 이들은 하나님께 적발되었고 하나님에 대한 불순종을 고백했습니다. 그 결과로 그들은 에덴동산에서 쫓겨나고 저주와 고통을 받게 된 것입니다. 그러나 예수님은 죄 없는 사람으로 태어나 하나님의 영을 모시고 아버지와 함께했으며 아버지께 순종한 예수 님에게는 근심 걱정이 없고 항상 하늘의 평안과 안식이 있으며 소망 중에 기쁨이 넘쳐났으며 귀신을 쫓아내고 능력을 행했습니다.

그런데 예수 믿고 구원받은 그리스도인들에게도 예수님의 기쁨이 넘치게 된다는 것입니다. 예수님은 그러한 삶의 방법을 알려주셨으니 사랑의 계명을 지키는 것입니다. 사랑은 신본주의입니다.

18. 아버지의 계명을 지키는 사랑

첫 사람 아담은 아버지의 계명을 범하여 저주받고 고통받게 되었는데 둘째 아담 예수님은 아버지의 계명을 지켜서 아버지의 사랑 안에 거하게 되었다는 것입니다. 말씀이 육신이 되었고, 성령으로 잉태되신 예수님이 아버지의 계명을 지키므로 아버지의 사랑을 온전히 받게 되었고, 아버지의 사랑 안에서 아버지의 은혜로 능력을 행하고, 권세 있는 하나님의 모습을 공생애 기간에 보일 수 있게 된 것입니다. 예수님은 나는 이렇게 했어도 너희는 할 수 없다고 아니하시고 너희도 할 수 있다고 하신 것입니다.

기독교와 영의 세계

19. 믿음으로 예수 안에서 성령의 능력으로 할 수 있다

그러므로 예수 믿은 모든 그리스도인은 할 수 있습니다. 예수님의 말씀을 보십시오. "내가 진실로 진실로 너희에게 이르노니 나를 믿는 자는 내가 하는 일을 그도 할 것이요 또한 그보다 큰 일도 하리니 이는 내가 아버지께로 감이라"(요 14:12). "믿는 자들에게는 이런 표적이 따르리니 곧 그들이 내 이름으로 귀신을 쫓아내며 새 방언을 말하며 뱀을 집어 올리며 무슨 독을 마실지라도 해를 받지 아니하며 병든 사람에게 손을 얹은즉 나으리라 하시더라"(막 16:17-18). "제자들이 나가 두루 전파할새 주께서 함께 역사하사 그 따르는 표적으로 말씀을 확실히 증언하시느라"(막 16:20).

이처럼 예수님은 예수 믿은 자가 할 수 있다고 약속하시고 할 수 있는 일을 구체적으로 알려주셨으며 실제로 제자들이 복음을 주의 이름으로 전할 때 예수님이 하신 일들이 약속하신 대로 이루어져서 하나님의 영광이 증거되었다고 말합니다. 이 부분에 대하여 사도행전은 기록하기를 "사도들의 손을 통하여 민간에 표적과 기사가 많이 일어나매 믿는 사람이 다 마음을 같이하여 솔로몬 행각에 모이고 그 나머지는 감히 그들과 상종하는 사람이 없으나 백성이 칭송하더라"(행 5:12-13)라고 기록된 말씀과 믿음의 확실성은 성경에 기록된 내용이 이루어진다는 것입니다. 오늘날에도 똑같이 이루어집니다. 능력은 마귀 진멸에서 나오는 것이 아니요, 예수님의 사랑 안에서 나오는 것이 성경의 진리입니다.

20. 능력은 사랑의 계명을 지키는 데서 나온다

예수님의 약속이 이루어지는 것을 경험하는 사람들은 예수님의 사랑의 계명을 지켜서 예수님과 아버지가 함께 하시는 자들이요, 예수 그리스도의 보혜사 성령이 역사하시면 예수님이 하신 일을 할 수 있는 사람이 되는 것입니다. 그러므로 성경은 예수님을 사랑하고 아버지를 사랑하는 삶의 결과에 대해서 다시 확인하고 있습니다. "나의 계명을 지키는 자라야 나를 사랑하는 자니 나를 사랑하는 자는 내 아버지께 사랑을 받을 것이요 나도 그를 사랑하여 그에게 나를 나타내리라"(요 14:21)라고 말씀하십니다.

이 말씀을 정리해보면 예수님을 사랑하는 자는 예수님의 계명을 지키는 자라는 것입니다. 예수님의 계명을 지켜서 예수님을 사랑하는 자는 아버지 하나님의 사랑을 받게 될 것이요, 예수님도 예수님의 계명을 지키는 자를 사랑하여 예수님의 모습을 예수님의 계명을 지켜서 예수님에 대한 사랑을 고백하는 자에게 나타내 주시겠다는 것입니다. 예수님의 모습을 나타낸다고 함은 다른 말로 하면 예수님의 능력을 나타낸다는 것과 같은 말입니다.

21. 예수님을 사랑하면

예수님이 이에 대하여 다시 구체적으로 말씀하시기를 "사람이 나를 사랑하면 내 말을 지키리니 내 아버지께서 그를 사랑하실 것이요 우리가 그에게 가서 거처를 그와 함께하리라. 나를 사랑하지 아니하는 자는 내 말을 지키지 아니하나니 너희가 듣는 말은 내 말이 아니요 나를 보내신 아버지의 말씀이니라"(요 14:23-24)라고 하십니다.

이는 예수님을 사랑하는 자는 예수님의 계명을 지키는 자인데 이는 다른 말로 하면 예수님을 사랑하는 자는 예수님의 말을 지키는 자라는 것입니다. 이렇게 예수님의 말씀을 지켜서 예수님에 대한 사랑을 고백하는 자에게는 예수님과 아버지가 함께 들어오셔서 예수님의 말씀을 지켜서 예수님에 대한 사랑을 고백하는 자에게 함께 하시겠다는 것입니다. 이는 예수님을 사랑하는 자에게 예수님이 하늘로 올라가신 후에 보혜사 성령을 보내서 예수님이 아버지와 믿는 자의 몸에 들어가서 성전 삼고 같이 사신다는 것입니다. 이는 다른 말로 하면 예수님의 계명을 지키고 예수님의 말씀을 지켜서 예수님을 사랑하는 자에게 예수 그리스도의 보혜사 성령이 오셔서 그 몸을 성전 삼고 예수님과 아버지와 믿는 자가 같이 사신다는 것입니다. 그러므로 성경은 말하기를 "보혜사 곧 아버지께서 내 이름으로 보내실 성령 그가 너희에게 모든 것을 가르치고 내가 너희에게 말한 모든 것을 생각나게 하리라"(요 14:26)라고 말씀하시고, "너희가 하나님의 성전인 것과 하나님의 성령이 너희 안에 계시는 것을 알지 못하느냐 누구든지 하나님의 성전을 더럽히면 하나님이 그 사람을 멸하시리라 하나님의 성전은 거룩하니 너희도 그러하니라"(고전 3:16-17)라고 말씀하시므로 예수 믿고 구원받고 예수님을 사랑하여 예수님의 계명과 말씀을 지키는 자에게 성령이 들어 오시겠으며 성령이 들어오시면 예수님의 하신 일을 하고 그보다 큰 일을 할 수 있다고 하신 것입니다(요 14:12).

그러므로 성령을 받으면 능력 행할 것에 대하여 예수님이 하늘로 올라가시기 직전에 말씀하시기를 "오직 성령이 너희에게 임하시면 너희가 권능을 받고 예루살렘과 온 유대와 사마리아와 땅 끝까지 이르러 내 증인이 되리라"(행 1:8)라고 말씀하신 것입니다.

22. 사랑은 하나님의 모든 것이요. 하나님의 계명이다

이처럼 성경에 기록된 복음의 핵심은 사랑입니다. 사랑 안에서 능력도 나오고 권세도 나옵니다. 사랑의 능력으로 마귀도 이기고 귀신도 이기며 죄의 유혹도 이깁니다. 사랑으로 하나님으로부터 인정받고 칭찬받으며 하나님의 성령이 함께 역사하사 하나님의 영광을 경험하게 됩니다. 그러므로 사랑은 하나님이시며 사랑은 말씀이시고 사랑은 계명이고 사랑은 능력입니다.

세상 사랑하면 망하게 되고, 하나님 사랑하면 복 받습니다. 그러므로 하나님의 모든 것은 하나님의 사랑 안에서 사람이 받을 수 있는 하나님의 모든 은혜는 사람의 하나님에 대한 사랑에서 나옵니다. 그런데 이 사랑을 인본주의라 규정하면 하나님을 인본주의를 가르치시는 분으로 말하는 것과 같습니다. 그러나 성경은 어디에도 하나님이 사람에게 인본주의 하라고 말씀하지 않습니다.

기독교와 영의 세계

베뢰아 측은 성경을 왜곡하고 육적으로 해석하여 자기의 체험을 성경 위에 올려놓고 학문이라는 이름으로 교리화 하는 범죄 행위를 한 것입니다.

23. 사랑은 최고의 신본주의다

성경이 강조하는 것은 예수를 구주로 영접하라 하고 예수를 주인 삼고 살라고 합니다. 그러므로 요한복음 3장 16절을 인본주의로 규정한 베뢰아 측의 주장은 성경에 기록된 복음의 진리를 뒤엎는 것과 같은 행위로서 대단히 잘못된 것이며 기독교 신앙을 혼란에 빠뜨릴 수 있는 큰 범죄를 한 것입니다.

그러므로 신본주의와 인본주의에 대한 정의는 확실하게 되어야 합니다. 신본주의란 하나님 중심의 신앙을 말하고, 인본주의란 사람 중심의 신앙을 말합니다. 그러므로 누구든지 예수 중심, 하나님의 말씀 중심, 성령 중심으로 하여 신앙생활을 한다면 성경 구절과 상관없이 신본주의라고 할 것이요 하나님의 말씀 중심으로 하지 않고 사람의 생각 중심으로 하여 신앙생활을 한다면 이는 성경 구절과 상관없이 인본주의라고 할 것입니다.

그러므로 성경 구절을 중심으로 하여 신본주의와 인본주의를 나누는 것은 잘못된 것이며 사람의 신앙 중심으로만 평가되어야 할 것입니다. 그러므로 예수님이 명령하신 사랑의 계명(요 13:34, 마 22:37-40)을 지키는 것은 최고의 신본주의요 가장 중요한 일이라 할 것입니다(고전 13:1-3).

따라서 베뢰아의 귀신론은 신본주의가 아니요 무속주의이며 능력을 가장하고 성경의 진리를 부정하는 마귀적 능력주의라 할 것입니다 (고후 11:14-15). 성경 구절 어디에도 사람의 범죄 행위를 말하는 것 외에는 인본주의가 없습니다. 베뢰아 측은 회개해야 하며 베뢰아의 가르침을 옳다고 생각했던 분들은 생각을 바꾸시고 회개하여 천국 가시기 바랍니다.

기독교와 영의 세계